Porträts ohne Goldrand

Eberhard Neubronner

Porträts
ohne Goldrand

Das alte Ulm im Rückblick

klemm +
oelschläger

Inhalt

Woher kommen wir, wohin weist unser Weg? Wer Künftiges meistern will, sollte das Vergangene kennen und bestenfalls von ihm lernen. In diesem Kontext stehen die „Porträts ohne Goldrand": Erinnerungen alter Ulmerinnen und Ulmer an ihre Stadt. Sie zeigen ein Milieu, dessen Charakteristika es nie mehr geben wird, weil Geschichte sich nicht wiederholt.

Jeder Mensch hinterlässt Spuren, egal ob schwach oder ausgeprägt. Jedes Individuum „hat … ein An-recht darauf, aufgerufen und in seiner Einmaligkeit und Unwiederbringlichkeit erkannt zu werden", schreibt der jüdische Emigrant Hans Sahl*. Denn die Zeit sorgt für den Wechsel (was generell gut ist). Vor solchem Hintergrund sind Fragen dennoch wichtig und Antworten fast immer wertvoll. Sie halten Flüchtiges fest, können es manchmal sogar erklären.

Die hier versammelten Lebensbilder wurden vor plus-minus dreißig Jahren dem Publikum präsentiert: in der zwischen 1967 und 1985 erschienenen Zeitschrift „Ulmer Forum"**. Wird nun ein abgelaufener Jahrgang im neuen Schlauch geliefert? Es mag so aussehen, trifft aber nicht zu. Kenner wissen: Wein schmeckt – entsprechende Lagen und sorgsame Pflege vorausgesetzt – desto besser, je länger er liegt. Wie aber reifen Feuilletons?

Sie sind stilistisch bearbeitet worden, doch der Autor hat keinen Satz jener lokalen Short Stories verdreht, die seine Partnerinnen und Partner ihm einst plaudernd serviert haben: alles Wesentliche blieb unangetastet. Dem Forscher ähnlich ging er konsequent vor, legte noch manches Detail frei und möchte damit den Informanten nützen. Wenn auch nur posthum. Denn von Ludwig Ade über Pauline Köhl oder Mathilde Metz bis hin zu Wilhelm Weller lebt kein Mensch mehr. Als Resultat aller Recherchen finden Interessierte im Anhang ein Sortiment von Titeln, das weiteren Lesestoff zum Thema Ulm enthält. Der Stadtplan dient einer eventuellen Suche nach Gassen, Straßen und Plätzen.

Mit dem Wechsel zur eigenen Person darf ich nun, nicht zuletzt, zwei frühere Kollegen nennen. Sie waren leitende Redakteure der Tageszeitung Südwest Presse und genießen längst ihren Ruhestand: Gustav Moré hat mir, dem schon relativ alten Quereinsteiger, von 1978 an fachlich wie menschlich viel vermittelt. Gerhard Kaiser blieb beim Redigieren der (damals „Ulmer Gesichter" genannten) „Porträts ohne Goldrand" stets fair und verständnisvoll. Beiden widme ich dieses Buch.

Eberhard Neubronner
Herbst 2011

* „Memoiren eines Moralisten", Zürich 1983. Band II trägt den Titel „Das Exil im Exil" (Hamburg 1990). ** Herausgeber: Universität Ulm, Ulmer Universitätsgesellschaft e.V., Stadt Ulm und Ulmer Volkshochschule bei der Neuen Pressegesellschaft mbH & Co. KG.

„Ehrlich, Namen sind oft eine Last"
Martha von Besserer

Auf einer Wetterfichte hocken Tauben. Dunst liegt über der Donauniederung, Thuja duftet herb. Das Fenster knarrt, wenn man es öffnet und sich hinauslehnt. Jemand ruft im Hintergrund: „Ich komme gleich, hab' noch die Hände voll Spülwasser!" Dann ein paar Schritte und Zeit für Gedanken: Also keine ehrwürdige alte Dame? Nichts von strengem Adel? Da ist sie – Martha von Besserer im Schloss Obertalfingen.

Sie wird, das darf man sagen, zum Jahresende sechsundachtzig. Lässt sich rasch auf einem mit Chiffon bezogenen Stuhl nieder und seufzt: „Wer will denn das noch hören. Kommt's unseren Ulmern nicht längst zu den Ohren raus? Jetzt waren schon die Reporter der Zeitungen da und Leute vom Funk. Genügt das nicht?" Nein, wohl nicht ganz. Da lacht sie und entscheidet: „Also gut, dann fragen Sie halt."

Wir sitzen im Wohnzimmer, zweite Etage. Keine Uhr tickt, nirgendwo knackt es im Gebälk. Von den Wänden aber blicken steife Ahnfrauen in Öl, und hinter dem Gast weist ein Gepanzerter grimmig die Armbrust vor: Sebastian Besserer, oberster Kriegshauptmann zu Ulm im sechzehnten Jahrhundert. „Nein", sagt Martha von Besserer ruhig, „diese Zeit war nicht nur schön." Sie meint ihre frühesten Jahre, die Kindheit zwischen Ulm und Neu-Ulm auf der Insel 1.

Hat sie keine Sehnsucht nach jener Vergangenheit,

von der man gern meint, sie sei pausenlos gut gewesen?
Nichts vom Weltschmerz über patinierten Bildern?
Wer weiß. Denn einerseits: „Was haben wir uns gemüht,
wie wurden wir geschunden!" Wir – das waren vor
allem die Töchter der oberen Fünfhundert, eingezwängt
ins Hü der Etikette, ins Hott des Hauses. Vor jedem
Tun oder Lassen hieß es stets: Hast du dir alles überlegt?
„Kinder", sagt Martha von Besserer, „waren früher kaum
von Bedeutung. Man nahm sie im Grund nicht ernst."

Doch andererseits: Wie herrlich, an Papa Konrad
von Besserers Hand zum Weihnachtsspiel ins Ulmer
Theater zu tippeln. Noch herrlicher, hoch über der Donau
lesend auf der Gartenmauer zu sitzen. Am herrlichsten
aber, den Neu-Ulmer „Gesellschaftsgarten" zu bestaunen.
Natürlich meist per Distanz. Denn dort blühte nicht nur
seltenes Gewächs, sondern auch Klatsch. Fazit: Unmöglich
für Frau von Besserer und nur selten dem Töchterchen
erlaubt.

Man hatte auf Ruf zu achten …

„Trinken Sie Kaffee?" Die Spannung lässt langsam
nach. Während in der Küche Geschirr klappert, geht ein
rascher Blick vom Schreibtisch zum Ulmer Schrank und
von dort über den blaugrünen Gobelin zum Donauweib,
einer hölzernen Deckenleuchte mit Familienwappen,
den Galionsfiguren alter Segelschiffe ähnlich.

Wohin fahren wir an diesem Nachmittag? Martha
von Besserer spricht. Sie zeichnet den Weg von Ulm nach
Zweibrücken auf, in die Heimat ihrer allein erziehenden
Mutter. Die grauen Augen wirken für ein paar Lidschläge
schmal: „Wissen Sie, was eine Ehescheidung damals
bedeutet hat?"

Einzelne Stationen werden aufgezählt und abgehakt –
„das ist doch alles lange vorbei". Was wiegt, sind keine
Daten. Menschen bedeuten mehr. Aber schön, hier ist nun

der Lebenslauf: In Zweibrücken schloss sie die Höhere Töchterschule ab, kam dann nach Kassel auf eine Hauswirtschaftsschule. 1908 folgte München mit der Kunstgewerbeschule, schließlich von 1910 bis 1914 das Königliche Kunstgewerbemuseum und eine weitere Schulzeit in Berlin. Wieder zurück in München, war Martha von Besserer selbstständig als Textil-Kunstgewerblerin tätig. Sie stickte und webte Kleiderstoff, beschäftigte kranke Soldaten in einer Klinik. 1940 starb ihr Vater, neun Jahre später die Mutter. Sie erbte Schloss Obertalfingen und wohnt seit siebenunddreißig Jahren dort.

Zeitbild eins: Julie von Besserer, geborene Freudenberg; humorvoll-spöttische Augen unter der hohen Stirn, das feste Profil deutet klares Denken und Handeln an. Zeitbild zwei: Konrad von Besserer, der Offizier; stattlich, ruhig, behaglich und trotzdem ein Feuerkopf. Zeitbild drei: Martha von Besserer, das junge Mädchen; freundlich, warmherzig und gefühlsbetont. „Ja, so war ich", sagt sie jetzt. „Und so bin ich heute noch, vor allem Letzteres: geradeheraus wie mein Vater. Oft ein richtiger Teufel, sehr verletzend. Hinterher tut's mir dann leid. Aber Lügen ist so mühsam."

Die Vorfahren, was bedeuten sie ihr? „Anfangs überhaupt nichts. Meine Mutter sagte immer: ‚Das Geschaffene ist wichtiger als das Ererbte'. Damit hatte sie Recht. Und ich bin weder Baronin noch Freifrau, sondern einfach Martha von Besserer. Ehrlich gesagt, Namen sind oft eine Last. Da meint jeder Zweite: Die kann kein Ei kochen; Madame trägt ein Krönchen auf dem Kopf, liegt auf dem Sofa und liest Romane. Soll ich auch noch unseren Stammbaum auswendig lernen? Obwohl ich mich", fügt sie nachdenklich hinzu, „in letzter Zeit mehr mit den Ahnen befasst hab'. Jetzt sind sie mir näher als zuvor."

Fern scheinen sie trotzdem, von der Gegenwart getrennt und doch mit sieben Jahrhunderten ulmischer Geschichte verbunden: Otto Besserer, 1358 als Stadtoberhaupt genannt. Heinrich Besserer, Stifter der gleichnamigen Kapelle, im ersten Münsterbaujahr Bürgermeister zu Ulm. Bernhard Besserer, der maßvoll-klug taktierende Freund einer bewegten und bewegenden Reformation. Eitel Eberhard, 1540 Käufer von Bad Obertalfingen, und Marx Christoph, der von einem Amtskollegen ermordet wurde. Nicht weniger als sechzehn Besserer standen als regierende Bürgermeister im Dienst der schwäbischen Reichsstadt, so dass ein Hochzeitsgedicht 1577 erklären durfte:

„Besserer nennt die deutsche Sprache die, welche Schlimmes zum Besseren zu wenden pflegen."

Vierhundert Jahre später. Aus dem Dachfenster des Schlösschens hängt eine schwarzweiße Ulmer Fahne. Martha von Besserer hat gleichfarbige Troddeln dazu genäht: „Da zeigt sich die Kunstgewerblerin!" Manchmal überlegt sie wohl, warum diese nahe und ferne Stadt nicht mehr für ihre alten Geschlechter tut, oder wie? „Ach woher denn. Das Thema ist doch nicht mehr modern. Ich genieß' meine Ruhe hier draußen, mir wird die Zeit im Alter zu kurz. Wenn möglich, würde ich glatt noch einen neuen Beruf lernen. Am liebsten Gärtnerin."

Vor zwei Jahren indes schien alles vorbei zu sein. Da fiel sie eines Tages plötzlich um. Seither ist Bücken verboten, aber es wird trotzdem gewagt, wenn Setzlinge zu pflanzen sind. Das darf der Hausarzt ruhig lesen. Was nach ihr passiert, kümmert Martha von Besserer wenig. Ja nun, freilich ist sie die letzte Besserer in Württemberg. Wer kann oder mag das ändern? Zum bayerischen Zweig wurde ein Kontakt hergestellt, Verwandte sollen Obertalfingen erben.

So sieht die Zukunft der Vergangenheit aus.

Was sie gern liest? Thomas Mann wird bevorzugt. Martha von Besserer liebt seinen Geist, seine überlegene Ironie; das literarische Niveau habe Unterbau. Viel Ehrlichkeit spreche aus den Briefen des Autors. Auch Alexander von Humboldt findet sie faszinierend und „… wer will, darf lachen: was Franz Beckenbauer im ‚Stern' geschrieben hat, also – das war richtig interessant." Ihr Ideal aber bleibt die Kunst, ohne deren Präsenz „kein Leben denkbar ist". Julie von Besserer öffnete ihr dafür die Augen. Doch sie war es auch, die mit oft übertriebener Vorsicht eher geschadet hat. Selbstzweifel und langes Zaudern sieht Martha von Besserer als Erbstücke ihrer Kindheit an.

„Sind Sie jetzt fertig?" Ja und nein. Noch ein paar Blicke rundum im Zimmer, noch der Gang durch weitere Räume. Inzwischen blinzelt die Abendsonne durch halb geschlossene Läden. Sie ließen das kleine graue Schloss schon zuvor ein wenig müde wirken. Anders als seine Besitzerin, die ihren Gast nach draußen begleitet und sich dabei fragt, was denn nun wirklich das Familienwappen ziert: Salbendose? Turnierhelm-Knauf?

„Martha Maria Emilie Mathilde Besserer von Thalfingen. Nicht schlecht …"

„Wie?", kommt da postwendend die Antwort. „Was wolle Se denn mit dene viele Wörter!" Aber gleich darauf schüttelt sie den Kopf und sagt leise, wie zu sich selbst: „Und ich hab' mich als Kind immer fürs Schwäbisch vom Vater gschämt. Dumm, gell?"

„Auf oimol send zwoi Pfirsich reif"
Max Molfenter

„Chrischtkindle!", ruft Max Molfenter und lacht. „Se hend partout a Chrischtkindle wolla!" Deshalb meldete sein Vater den Säugling erst am 24. Dezember 1892 beim Ulmer Standesamt an, obwohl das Bündel schon zwei Tage alt war. Kaufmann Heinrich Molfenter hatte Erfolg: Sohn Max wurde als Weihnachtspräsent registriert. Er ist jedoch kein Erlöser geworden.

Um ihm auf die Schliche zu kommen, gehen wir zum Rathaus. Unterhalb der astronomischen Uhr sucht unser Blick in östlicher Richtung ein Stück Vergangenheit einzufangen. Da stand es – Molfenters hohes Haus am Eck zur Taubengasse. Wo außer seiner Familie auch noch die Witwe des Rittmeisters August von Hiller-Gärtringen und der Armenpfleger Wilhelm Schwarz wohnten, kam Max zur Welt.

Sirenenlärm, Feuer, Detonationen und Rauch mischen sich plötzlich ein. 17. Dezember 1944, letzter Monat im sechsten Weltkriegsjahr, 19.23 Uhr: Britische Bomber greifen an und lassen die Altstadt am dritten Advent taghell brennen. Mit ihr wird auch das Gebäude Marktplatz 4 zerstört. Max Molfenter ist damals knapp zweiundfünfzig Jahre alt. Aber wir greifen vor …

„Also zurück", sagt der Veterinär und krault seine Katze. „Ans Weihnachtsfest achtzehnsechsundneunzig kann ich mich noch erinnern. Da hab' ich die ersten Hosen gekriegt und war sehr stolz." Zuvor hatte er, wie

anfangs auch seine drei älteren Geschwister, ein Röck-chen getragen: „Weil's halt so besser mit dem Abort funktioniert hat."

Schon damals trieb sich der „Judenmax" auf dem noch Heumarkt genannten Marktplatz herum. Juden-max? „Ganz genau. Eine unserer späteren Nachbarinnen, die Frau des jüdischen Stoffhändlers Neuburger, war total verliebt in mich. Sie hat keine Kinder gehabt, und ich …" Schwäbisch geht es weiter: „I ben halt ihr Ersatzbua gwesa." Ach, habe deren Mann oft zu seinem Vater gesagt, ein eigenes Haus wolle er nicht kaufen. Man wisse ja nie, was noch passiere.

An Deportation und Vernichtung hat niemand gedacht. Beides ist den Neuburgers erspart geblieben. Sie starben vorher.

In elf Schaufenstern des väterlichen Modegeschäfts spiegelte sich jahrzehntelang ulmischer Alltag. Beleben wir (vor dem Hintergrund einer Zeit, während der Ober-bürgermeister Heinrich Wagner noch im Rathaus wohnt) jene Epoche, die Max Molfenter oft so kommentiert: „Ja Herkules, wie war jetz dees?" Darum ist es gut, dass seine Tochter Rose Buck hilft und gelobt wird: „Schneck, du hosch a doppelts Hirn."

Das historische Milieu zwischen Münster, Marktplatz und Metzgerturm erwacht. Spielkameraden tauchen auf – Bankdiener Baßlers Sohn Karl, Helme Mader oder Johannes Bischoffs Bub von der Wirtschaft *Hinteres Kreuz* im nahen Schelergässle. Überhaupt, sagt Max Molfenter, sei früher nicht alles harmlos gewesen: „Taubenplätzle und Heumarkt waren immer verfeindet." Mit Luftgewehr oder Totschläger[1] wurde gekämpft, keine Partei kannte Pardon.

1 Hier: Stein im Taschentuch.

Dazwischen ruhte das Haus des Sanitätsrats Karl Palm als neutrales Terrain. „Er hat uns nie geschimpft", schmunzelt Molfenter. Worauf sich weitere Namen einstellen, die zum Kolorit der Stadt gehörten: Zinngießer Friedrich Schwenk (Marktplatz 5), Kleiderhändler Louis Zeiß (Lange Straße 17) sowie ein „Angenehmer Wirt" titulierter Gaststättenpächter und Viehhändler vom *Strudel* (Schelergasse 3). Kein Adonis, Knollennase, nicht permanent nüchtern – klarer Fall.

Ehe nun unser Erzähler eine kindliche Exkursion schildert, kommen familiäre Wurzeln zu ihrem Recht: Molfenters Vater Heinrich war der Sohn eines Altulmer Schiffmeisters und wurde am Fischerplätzle geboren. In diesem Zusammenhang berichtet Max, dass örtliche Fischer vor vielen Jahrzehnten Monat für Monat das Donau-Altwasser nach Miesmuscheln absuchten. Sie fingerten winzige Schätze heraus und reihten Perlmutt zum Nuschter[2].

„Aber dann, Schneck?" Eines Morgens um 1897 ließ Max Molfenter die Familie im Stich. Er stapfte los („mi hat's gjuckt") und wollte beim Dorf Allewind auf dem Hochsträß pausieren. Denn irgendwo dort, wusste der fünfjährige Schlingel, gab es herrlichen Sand. Hätte ihn nicht eine Einsinger Botenfrau im Donautal gesichtet und, als treue Kundin des Papas, erkannt … Max Molfenter wurde nach Ulm geschafft und heckte bald Neues aus.

Etwa in Naumanns Garten am Michelsberg. Albert Naumann war Mamas privatisierender Bruder, mit einer Unterländerin verheiratet und kinderlos. Weshalb er in sein Gärtlein ging, Pfirsichkerne vergrub und einen „Orakelbaum" pflanzte. Dessen Früchte, so die Fama,

---

2 Allgemein „Kette", bei katholischen Söflingern der Rosenkranz.

sollten den Nachwuchs melden. Weil jedoch menschliche Wärme nie schadet, setzten sich Onkel und Tante vor das Produkt auf ihre Bank.

„Unter diesem Mistelzweig / Hockt heut Albert und sein Weib / Atmet ein die süßen Düfte / Hält sie fest um ihre Hüfte / Doch in winterskalter Nacht / Schwerlich die Natur erwacht", reimte Ferdinand Ziegler, Naumanns Freund aus der Platzgasse, und ließ wissende Leute hinter vorgehaltener Hand feixen. Waren wirklich nur Minusgrade am fehlenden Segen schuld?

Max Molfenter: „Auf oimol send zwoi Pfirsich reif." Er biss zu, sein Zahnabdruck wurde identifiziert, und Onkel Albert holte im Zorn aus. „Aber der hat nur einen Schlag getan", erklärt Doktor Molfenter ebenso treffend. „Dann ist's ihm zu weich geworden. Ein Angstschiss ging los, und mei Hösle war dünn. Ha!"

Dieser Filou, hieß es hinterher, hat Naumanns Kinder gevespert. Was Max nicht störte. Er – der als Bub mit hellroten Locken glänzte – wurde 1899 eingeschult, lernte seine spätere Frau bereits während der Konfirmation im Münster kennen und begann als Siebenjähriger Violine zu spielen: „Mein Musiklehrer August Vötsch hat erst nach zwei Jahren gemerkt, dass Noten mir fremd sind. So hab' ich dann weitergemacht."

Viecher, schwenkt Max Molfenter vom musischen Sektor zum eigenen Beruf, habe er seit jeher gemocht. Als nun die Mutter (Vater Heinrich starb schon 1909) ihn kurz vor dem Abitur zwischen Förster, Pfarrer und Tierarzt hatte wählen lassen, fiel das Votum leicht. Doch da Erfolg neben Inspiration nicht zuletzt Transpiration verlangt, musste auch der Veterinär in spe büffeln. Lassen wir ihn ein wenig ausruhen und zweierlei nachholen.

Molfenter darf erstens seine spätere Frau Rosalie, alias „Lombadonkers Töchterle"[3], nochmals auf Vorrat anhimmeln und spielt zweitens schon als Realschüler den Studiosus. Dies wie das erledigt er munter: Als der 15-jährige von Stadtpfarrer Pfleiderer konfirmiert wird und Rosalie sieht, ist es um ihn geschehen. Was allerdings erst 1921 zur Hochzeit führt. Das „Studenterla" aber findet lange zuvor statt. Es endet – typisch Max – mit einer Pointe.

„Mir hend", lässt er sich und seine Siebtklässler-Freunde nach Gögglingen an der Donau spazieren, „em Gasthof *Ritter* an Haufa Bier bechert …" Gleichfalls per pedes ging es in Richtung Ulm zurück, wo man nach üblichem Brauch eine Straßenbahn stoppte. Wer saß drin? Max Molfenters Mutter und deren Schwester. „Aber wissat Se was, die han-e gar nemme kennt." So blasiert war er? „Noi, bsoffa."

Nach einer Ravensburger Internatszeit samt Abitur, dem Militärjahr sowie einem Studium der Tiermedizin in München kam es zum Ersten Weltkrieg. Max Molfenter hatte erst mit kranken Gäulen im Pferdelazarett am Ulmer Kuhberg zu tun und marschierte dann als Soldat des Württembergischen Feldartillerieregiments Nr. 13 zur Westfront. „Als alles vorbei war", sagt er, „haben Arbeiter am Ulmer Bahnhof den Offizieren die Schulter-stücke abgerissen. Aus."

Max Molfenter seufzt. Kaum ist das lange Leben zu fassen: Neue Hörsäle in Bayern und an der Gießener Uni-versität, Examen, Assistenz beim Ulmer Tierdoktor Bertold Denzler, Stadtveterinär im Wenort Löwenstein, Heirat mit Rosalie (Rosel) Straub, Stadttierarzt in Niederstotzingen bei Langenau. Wo die akademisch gebildete Schicht abends am Biertisch hockt, einen Turnverein gründet, den Pfarrer als „Blusengucker" bezeichnet und liberal denkt.

3 Ihr Vater war Gustav Straub, Glöcklerstraße 33. Der Lumpentunker genannte Färbermeister legte die Textilien im Farbbottich ein.

Im Sommer kratterte Molfenter mit dem Motorrad über Land, winters glitt er auf Skiern von Hof zu Hof. Was die Bauern zwischen Kuh und Kalb staunen ließ. Während der Inflation löhnten sie ihren Doktor mit Naturalien, doch trotz solcher Vorteile wechselte er nach Stuttgart zum Staat. Durch Robert von Ostertag als Bakteriologe ausgebildet, folgte Max Molfenter Ende der zwanziger Jahre inneren wie äußeren Stimmen: In Ulm wurde für den verstorbenen Schlachthofdirektor Albert Rößle ein Nachfolger gesucht, worauf sich etliche Kollegen bewarben.

„Die hend alle am Vorabend im Hotel gfeiert, bloß i war bei meiner Rosel. Als mr dann morgens zum Oberbürgermeischter komma isch, hot der ihre Fahna grocha. I war dr oinzig Nüchterne ond han da Zuschlag kriegt."

Molfenter war bis 1957 im Amt. Er führte seinen Schlachthof zuweilen polternd, aber stets mit Humor. Selbst als es dort nach dem Krieg intensiv qualmte, weil Buben unter dem Dach bei Kerzenlicht Karten gespielt hatten. Kommentar: „Der hot's mir net zlieb do. Der isch net abbrennt." Ergänzt Tochter Rose: „Unser Vadder hätt' ihn so gern modernisiert. Aber daraus wurde nichts mehr."

Vorbei. Längst ist ein schönes Alter … „Schee?", bellt Max Molfenter. „Schee isch's als Femfazwanzger." Obwohl er noch spät die Fischerprüfung abgelegt hat, nach einem Streit mit Polizisten zum erneuten Fahrtest – notabene: fehlerfrei – vergattert wurde und bis zum fünfundachtzigsten Lebensjahr selbst das Auto lenkte? Obgleich er noch immer am Stammtisch der Ulmer Räsen[4] (Kässbohrer, Hailbronner, Scheiffele) sitzt? Schöner ist es mit Fünfundzwanzig.

4 Überwiegend raue Ulmer, etwa die Molfenters, und vor allem Söflinger „Urtypen". Gegen sie haben bzw. hatten Fremde einen schweren Stand.

Seit Rosel vor drei Jahren gestorben ist, sind Max Molfenters Tage dunkler. Nun sinniert er mehr als zuvor und muss aufpassen, dass außer dem Gestern nicht auch noch das Heute verschwindet. Peu à peu, auf leisen Sohlen. Wie war dies oder jenes? „Ha noi, Schneck. Ganz anderscht." Aber dann stutzt er und lacht. Richtig, so stimmt's!

Lassen wir uns zum Schluss noch etwas erzählen. Ende 1962 radelt Max Molfenter von seinem Wohnort Senden nach Ulm. Ein frostiger Tag. Er kurvt zur Bank, hebt Geld ab, will wieder heim. Da fällt ihm in der Wengengasse ein kleiner Gebrauchtwagen auf. Tadellos! Er kauft ihn, lehnt das Fahrrad ans Eck und kommt motorisiert zurück. Fazit: „'s war halt so kalt."

Nein, langweilig wird es mit solch einem Mann nie gewesen sein. Weshalb die Frage erlaubt ist, ob seine unvergessene Rosalie nicht manchmal „Zuschtänd" bekommen hat? Er zögert und schaut vor sich hin. Dann brummt der alte Veterinär:

„I woiß net. Ebbes do hoz mr emmer."

„I war a Häddale mei Leba lang"
Anne Hollmann

So sind sie nun einmal, die hohen Herren – immer für
Überraschungen gut. Spazierte doch im Herbst 1805 ein
Uniformierter die Donau entlang, tippte am Ulmer Ufer
dem Fischer Molfenter aufs Wams und befahl: „Alléz!"
Da ließ der Brave das Netz fahren, half dem Gast in
eine Zille und stakte ihn zum jenseitigen Kies hinüber.
Bevor er aber solches tat, bekam sein Lehrling noch
einen Satz von historischem Gehalt serviert: „Jockele,
lass' pfurra!" Worauf die vorher straff gespannte Kette
ins Boot rasselte. Der „Musjeh" natürlich verstand
kein Wort. Doch das konnte ihm auch nicht zugemutet
werden.

Denn er war … wer? Napoleon.

„Glaubet Se's oder glaubet Se's net", sagt Anne
Hollmann und bläst Zigarettenrauch gegen ihre Lampe.
„Jedenfalls ein Franzos'. Und meine alte Tante Elise
konnte mich nicht oft genug warnen: Behalt's für dich!
Sonst heißt es, wir hätten dem Bonaparte über die
Donau geholfen." So viel steht trotzdem fest – seit jenem
Jahr hat ein Zweig der Ulmer Schiffer- und Fischerfamilie
Molfenter den Spitznamen „Pfurrer" weg. Wer will,
sucht ihn auf einem Regalbrett des Stadtarchivs. Wir aber
nisten uns im alten Gerberhaus an der Fischergasse
ein und blättern in Urgroßvater Molfenters Papieren.

Schon jetzt? Erst wird der Uhrzeiger zurückgedreht.
Wir öffnen die Haustür, steigen zwei Treppen hinauf

und stehen vor Anne Hollmanns Wohnung. „Bitte kräftig klopfen", heißt es dort, doch die Klingel im Erdgeschoss kann es besser. Sie schrillt, als der mediterrane Mieter läutet: Signor Lucente bringt Briketts für den Ofen. Aber da sitzen wir längst zu zweit zwischen Nippes, Ölbildern und Fayencen.

Die kleine Endsechzigerin mit den klugen Augen hat während ihres nicht gerade sorglosen Lebens einen wahrhaft teuren Freund behalten – das Haus. „Ich komm' mir vor wie ein Erbhofbauer", sagt sie und rückt ihre Brille zurecht. „Aber so isch's au wieder", geht es unvermittelt schwäbisch weiter, „so was wächst an eim fescht. Die Alte hent's baut und i pfleg's."

Ein vergilbter Kaufbrief wird entfaltet, „geben in Ulm den Sechßten Monats Tag Decembris Anno Christi Ein Tausend, Sieben Hundert Acht und Fünfzig. Ich, Johann David Noll, Burger und Saiffensieder bekenne offentlich für Mich und Meine Erben und thue kund allermänniglich nach dem Brief, daß ich mit freyem guten willen, wohlbedachtem Sinn und Muth von Meines bessern Nuzen und Frommen wegen dem Daniel Neu-bronner, Burger und Rothgerber und seinen Erben … mein Hauß und Hofraiten samt der Low Grub[5] allhier bei der steinern Bruck an der Blau … recht und redlich verkaufft und zu kauffen gegeben habe."

Fast achtzig Jahre später hat Johannes Molfenter das hochgiebelige Haus übernommen. 3150 Gulden war es dem Steinmetz wert, von ihm sind Stöße feinster Grund- und Aufrisse erhalten geblieben. Bei der Vollen-dung des Münsters hat er noch mitgehämmert und sich nach rechtem Brauch in Stein verewigt. Ein Gesellen-buch nennt uns sein Signalement („Wangen: voll,

5 Hofraite = Von Gebäuden umschlossener Innenhof. Lohgrube = Gerber beizten die Tierhaut in einem Sud aus Rinde und/oder Blättern (Lohe).

Augbraunen: schwarz, Zähne: gut, Mund: gewöhnlich")
und bescheinigt dem 21-jährigen Mann 1829:
„Inhaber dieses hat seiner Militairpflicht Genüge
geleistet und kann unbedingt im In- und Auslande wandern." Was er dann auch befolgt hat.

„Tüpfele, gang nonter!" Während Anne Hollmann
ihre frühe Kinderzeit in Stuttgart erinnert, hat die Katze
wieder mal den verbotenen Tisch besetzt. Aber das
macht nun gar nichts mehr, denn unsere Gastgeberin
hopst längst zehnjährig auf der Fischergasse herum oder
sitzt als Matrosenjungfer im *Café Alber* an der Heiden-
heimer Straße. Sie trinkt Kakao und hört ihren Vater über
„rote Gsellschaft" und „Erzberger-Lomp" wettern.

Warum schimpft Emil Lauser? Aus Enttäuschung.
Er war Hauptmann bei der Bayerischen Fußartillerie in
Neu-Ulm, ist anno Achtzehn als Aktiver ausgeschieden
und hat sich mit Frau Paula sowie drei Kindern im Haus
der Großeltern Molfenter an der Blau zur unfreiwilligen
Ruhe gesetzt.

Es folgte ein schweres Jahrzehnt für den Regierungs-
baumeister und dessen Familie. „Aber so wie uns",
winkt die Tochter ab, „ging's damals doch vielen Leuten.
Arbeitslos bei karger Kost und dann diese ‚Soze' im
Wirtshaus *Hohentwiel* gegenüber. Eben darüber hat sich
der Vater aufgeregt. Sie kannten keinen Respekt vor
dem Staat und haben Tag und Nacht Krach gemacht …"

Im *Wilden Mann* beim Gastwirt Otto Durst lagerte
eine ähnlich lautstarke Kompanie: „Da hat irgend so
ein Verein oft bis Mitternacht den ‚Wilhelm Tell' oder
‚Die diebische Elster' intoniert. Überhaupt – Wirtschaften
waren abends voll und die Gassen leer. Fast umgekehrt
wie heut'." An der Blau, erzählt sie und zeigt zum
Schwörhaus hinüber, sei stets ein „Mordslebtag und
Kindergschrei" gewesen, der städtische Ausscheller habe

als zweibeiniges Amtsblatt die Glocke geschwungen, und Wagner Straubs Lehrlinge auf der Insel hätten unter ihrem Meister …

Anne Hollmann spitzt den Mund und pfeift vielsagend. Neue Zigarette, nächstes Kapitel.

Ihre Mutter ist im Museum geboren. Damals war das Haus am Taubenplätzle allerdings noch Gewerbebank und Großvater Robert Ziegler deren Direktor. Fabrikant Philipp Jakob Wieland hatte den Schreinersohn als Patenkind beruflich gefördert, denn früher gab es kein soziales Netz für viele, sondern allenfalls einen Mäzen.

Solche Mildtätigkeit haben die Lausers jedoch nicht mehr gespürt. 1918 von Stuttgart über Wiesbaden nach Ulm kommend, fing für sie eine böse Zeit an. Emil Lauser brachte seine Familie schreibend (mit Fachaufsätzen) und aquarellierend durch. Im Papiergeschäft von Fritz Heim am Hafenbad 19 hat das Ulm der zwanziger Jahre manches seiner Motive gekauft. Wer die „Ulmer Bilder-Chronik" des Dr. Karl Höhn besitzt, kennt auch sein populärstes Bild: den Neuen Bau in Flammen, frühmorgens am 19. Februar 1924.

„Ich hab' den Widerschein in allen *Hohentwiel*-Fenstern leuchten sehen", erinnert sich Anne Hollmann, „und mein Vater stand mit dem Skizzenbuch auf unserer Altane. Es war ein schaurig-schöner Anblick." Das ehemals reichsstädtische Magazin brannte in zehn Stunden aus. Grund: ein kaputter Ofen.

Im selben Jahr ging die zarte Tochter des Baumeisters („i war a Häddale[6] mei Leba lang") von der Höheren Mädchenschule ab. Die Eltern, weiß sie noch, haben zwischen 1918 und 1928 mehr als einmal daran gedacht, mit ihren Kindern aus dem Leben zu gehen. Dazu kam,

6 Mageres Kind oder auch Frau, deren Oberweite zu wünschen übrig lässt.

dass die Mutter nach einem Schlaganfall halb gelähmt und völlig taub war. Sie blieb trotz wachen Geistes extrem behindert.

1928 zog die Familie nach Berlin, wo Emil Lauser als Revisor tätig war. „Schrecklich" bleibt der Gedanke an brüllende Nazis im Sportpalast, die „halt Komplexe hatten und dachten ‚jetzt bin i wer'." Ein ganz anderes, nicht weniger unerhörtes Faktum war jene „Bemberg-seide", aus der zu Mutters Entsetzen verruchte Dessous fabriziert wurden: hauchdünn, ein Skandal am deutschen Körper. „Aber sie ist dann bald zu uns Mädchen über-gelaufen."

Siebenundzwanzig war Anne Lauser, als sie Frau Hollmann wurde, einunddreißig, als der Vater kurz vor Kriegsbeginn starb und vierunddreißig, als ihr Mann in Stalingrad vermisst wurde. Er kam nie zurück.

Inzwischen wohnte die kranke Mutter bei ihr in Karls-ruhe. Den Winter verbrachte man regelmäßig im Haus an der Ulmer Fischergasse. Beide Brüder, Heinz und Götz, waren „für Volk und Vaterland" eingesetzt, als am 17. Dezember 1944 auch über Anne Hollmann und Paula Lauser der nächtliche Feuersturm hereinbrach: Bomben auf Ulm, siebenundzwanzig Minuten lang.

„Mein Pelzmantel hat wie ein Fähnchen geflattert, als wir mit anderen Überlebenden im Inferno herumgeirrt sind. Ich schieb' den Rollstuhl mit letzter Kraft bis zur Blau. Gottlob, unser Heim ist nicht zerstört. Und meine Mutter fragt: ‚Was ist denn los, Kind? Schneit's?' So heftig wirbelten Funken herum." Als Ende April 1945 die Amerikaner Ulm besetzten, hätte sie „vor Freude am liebsten einen Kranz rausgehängt". Noch heute dröhnt ihr das „Deutschland-erwache"-Geschrei aus Berliner Jahren im Ohr. Nein, mit den Nazis hat Anne Hollmann nichts im Sinn. Da schlug sie ganz ihrem Vater nach.

Die zierliche Frau beugt sich vor: „Er war wie's Haus. Man fühlte sich in seiner Gegenwart wohl und geborgen. Nur ich bin ein Irrwisch. ‚Verkommene Jugend' hat man uns in den Zwanzigern genannt, weil wir den Amerikanismus toll fanden – moderne Tänze, Jazzmusik! Und … ‚A klein's Häfele läuft schnell über', der Spruch meines Vaters passt auf mich."

Während Anne Hollmann den Schlüssel vom Haken nimmt und wir ins Dachgeschoss klettern, steigt uns unsichtbar jemand nach. Großtante Hanne keucht, eine von Maurer Molfenters Töchtern. Wir sehen sie oben die Wäsche aufhängen: verhutzelt, im weiten Rock. Hanne war die Frau des Spenglers Ehrenmann gewesen während jener Zeit, als nach dem Krieg 1870/71 im Haus das „Fischerbad" eröffnet wurde.

„Ein französischer Häftling ist draufgekommen, der bei Paul Ehrenmann gearbeitet hat. In Paris habe man überall moderne Bäder, meinte er. Warum nicht hier?"

Unter uns rauscht die Blau. Auf der Neuen Straße werden Autos beschleunigt. Vom Schwörhaus schlägt es fünfmal, für Anne Hollmann oft Dreizehn: „Das soll noch eine liebenswerte Innenstadt sein? Wo es mittags so voll ist, dass man nicht laufen kann und irgendwann menschenleer? Ulm will plötzlich modern sein. Großstadt oder so. Perfekt!"

Kürzlich fuhr Anne Hollmann fort. Warum? Weil das Heimweh nach Winkelgässchen zu groß war. Keinen Moment habe sie sich in Riedlingen gelangweilt, erzählt die wache Ulmerin und deutet auf einen Geländerstock: „Generationen von Katzen haben hier ihre Krallen geschärft. Familie für Familie hat dieses Haus erhalten und dann vererbt. Wer das in Zukunft nicht schafft, ist keinen Pfifferling wert!"

Adieu. Die Tür fällt ins Schloss.

Auf der Fischergasse zieht feuchter Dunst vom Bach zum *Wilden Mann,* wo Gläser klirren. Wie kühl es schon Anfang September sein kann … Anne Hollmann hat das Wohnzimmerlicht gelöscht und braut nun, vielleicht, ein Tässchen Mokka in ihrer Küche. Sie bleibt und gibt nicht auf. Wie lange noch?

„'s Licht nimmt ab, alles wird still"
Alfred Hoffmann

„Die Donau", sagt er, „des war scho was." Wie bitte?
Viel Wasser ist geflossen, seit dort ein vierjähriges Kind
für Angst und Empörung gesorgt hat: Unterhalb der
Herdbrücke schwamm das Alfredle kühn von Bayern nach
Württemberg. Herrje, da fiel gleich zweierlei – erstens
die unter Obstbäumen strickende Mutter in Ohnmacht
und zweitens ihr Liebling in Ungnade. Beim zornigen
Vater, der am Schwal[7] auf ihn wartete.

Sommer 1888. Juli oder August …

„Loba hätt' er me solla!", meint Alfred Hoffmann ein
wenig ärgerlich. Aber nein, der Tuchhändler war fürs Prak-
tische. Er versohlte seinem Sohn erst mal den Hintern.

Wenn jemand fast vierundneunzig Jahre gelebt hat,
schmerzt das nicht mehr. Nun tun andere Dinge weh.
Zum Beispiel, dass die Füße schwach sind, dass der Sitz-
platz am Rondell zwischen Metzgerturm und Fischerplätzle seit Monaten leer bleibt und manche Kinder dort
vergeblich warten. Da hat wohl auch der schwarze Stock
mit Silberknauf keinen Wert mehr, tröpfeln die Wochen wie
ein kaputter Hahn und enden manche Tage mit dem Satz:
„Ich fühl', dass ich sterben muss."

Freilich, das Gehirn macht es ja noch. Soll also einer nur
recht laut fragen und hinterher alles schreiben, dann nimmt
Alfred Hoffmann ihn mit. Die Tour beginnt dort, wo er den

7 Nordöstlicher Sporn der Donauinsel (wohl nach dem Fisch Plötze, alias Schwal,
benannt). Dort soll schon früh eine Furt den Übergang erleichtert haben.

Gast im gelben Häuschen empfängt: Neu-Ulm, Insel 6½.

Wir aber müssen uns vor dem langen Gang bei ihm ans Fenster stellen. Seltsam, wie rasch der Fluss heute strömt. Seit wann ist die Herdbrücke auf zwei Pfeiler gebaut? Wer hat das Münster verkürzt? Komisch …

„Dooo–na–bieb–le!", schreien plötzlich zwei Buben, was den Büttel Johann Wieser konfus macht. Da sind sie wieder – Pfaffenlehners Hugo und Hoffmanns Alfred. Wehe, wenn die erwischt werden! Aber das schafft er nicht. Statt dessen packt ihn ein Soldat, lässt den Schutzmann über der Kleinen Donau baumeln und brummt: „So, Donabieble. Jetzt flieg'." Worauf …

Alfred Hoffmann schweigt. Etwas schiebt sich vors innere Auge wie Kulissen im Theater. „Erzähl doch", ruft seine Tochter Rosemarie Schwarz, „was hat denn damals bei uns ganz anders ausgesehen?"

Der alte Mann hält die Hand hinters Ohr. Fast könnte man glauben, er horche in ferne Jahrhunderte hinein. „Die Netze", sagt er dann. „Man hat mit Netzen in der Donau gefischt." Auch Spargel gab es, vom Ehinger Tor bis zu den Söflinger Klosterwiesen. Aber nicht nur das.

Unterhalb der Wilhelmsburg war ein Weinberg mit sauren Reben zu finden, Bauer Georg Renftle auf der Insel drosch noch sein Korn im Freien, und im Winter wurden die Öfen mit Leipheimer Torf beheizt. Den hat man im Herbst unters Dach gekurbelt. War es kalt, so fuhren die Wagen der Brauerei Schlich zum Gögglinger Ried hinaus, wo Knechte das Eis für die Bierkeller brachen. Bauern zogen vom Bayerischen her mit Schlitten nach Ulm. Sie lieferten Quark in die Stadt und holten dort Asche zum Düngen ihrer Felder.

Auf dem Weinhof fand jeden Samstag etwas längst Vergessenes statt – ein großer Pferdemarkt. Bei dem lief es so: Erst stärkten sich Herren und Knechte im *Goldenen*

Ochsen an der Herdbruckerstraße, danach schwankten die so genannten Zutreiber in Richtung Schwörhaus, wo Tier nach Tier mit Trab oder Galopp vorgeführt wurde und man jeden Gaul pries. Wenn dann ein Kauf perfekt war, klatschten zehnmal die Hände aneinander („'s gilt!"), und ein zweiter Gang zum Bier wurde fällig.

Zur selben Zeit stand Alfred Hoffmann vor dem Metzgerturm, spielte mit Inbrunst „Soldäterles" oder rauchte heimlich Zigaretten. Worauf es ihm „jeesesmäßig schlecht" 33 wurde.

„Als ich ein Kind war, hat es in Neu-Ulm zwei oder drei Autos gegeben." Wie selbstverständlich er das sagt … Auch die Geschichte von Vaters und Mutters erstem Treff passt dazu: Friedrich Hoffmann war Tuchvertreter, und Fräulein Oswald trieb auf der Insel 4 eine Schneiderei um. Da brachte ihr Lieferant bald Sympathie am laufenden Meter ins Haus. Man ging ohne Zögern zum Altar, gründete 1875 ein kleines Textilgeschäft und hatte Zukunft.

Die spätere Mutter war liebevoll, der Vater liberal. Denn Alfred, das jüngste von vier Kindern, sollte nach eigenem Gusto selig werden. „Zeichnet sehr gut, hat natürliche Fähigkeiten" las man im Zeugnis des Buben, weshalb er während der Ferien beim Ulmer Bildhauer Karl Federlin lernen durfte. Der jedoch ließ ihn oft allein, und Alfred Hoffmann schoss seine Künstlerpläne in den Wind. Er wurde Dekorateur („a ganz neuer Beruf") und ging auf Achse.

In Wiens feinstem Modehaus, das August Herzmansky 1863 gegründet und zum größten seiner Art auf dem Territorium Österreich-Ungarns hatte werden lassen, war Hoffmann leitend aktiv. Dann wechselte er übers Ruhrgebiet nach Saarbrücken. Irgendwann holte ihn dort die reizendste aller Romanzen ein – so hübsch, dass sie noch heute glänzt: Alfred sah die Schönste aller Schönen. Freilich nicht im Café, auf der Eisbahn oder in einer Theaterloge, nein …

als Porträt im Schaufenster des Fotografen Wilhelm zu Neunkirchen. „Die heirat' ich", wusste er sofort. Doch wie zum Ziel gelangen? Du suchst eine Stelle in der fremden Stadt, gehst spazieren, und irgendwann taucht sie auf. Mamsell Reinhard tat ihm zum Glück den Gefallen: Sie kam daher, biss an und wurde Alfred Hoffmanns Ehefrau. Beide haben es bestens miteinander gehabt. Vor zwölf Jahren ist Maria gestorben.

Der bis 1945 auf der Insel Kleidung verkaufte, hat sich jetzt aufs Sofa gelegt. Seine Augen wirken trüb. Ihm zur Seite, im Glasschrank, blinkt Altulmer Porzellan, galoppieren Soldaten aus Blei und warten Schiffsmodelle mit hängenden Segeln auf Wind. Aber das Fenster zur Donau ist verschlossen, denn ein Luftzug würde Folgen haben. Was den 93-jährigen Mann freilich nicht schreckt:

„Ist doch alles Schwindel", murmelt er. „Heut' streitet man, das Brot schmeckt anders als früher, und die Natur kann sich vor Autos kaum retten. Ja, damals …" Was denn? Alfred Hoffmann antwortet nicht konkret. Er formt stattdessen ein paar Wörter. Derart behutsam, als seien es seltene Stücke: „Wullewullewutsch, d' Franzosa kommat, wullewullewutsch, se send scho do." So haben einst die Marionetten gesungen.

Wo? „Beim Jahrmarkt auf dem Judenhof." Schon treiben die Gedanken zu Balbina, der Frau des Friseurs Wilhelm Pfaffenlehner, die vor Weihnachten ganze Waschkörbe voll „Breedla"[8] gebacken hat. Alfreds Mama wiederum war Spezialistin für Träubles- oder Speckplatz, dem Proviant langer Fußmärsche nach Blaubeuren und zurück, im Tal oder auf der Höhe. Zusammen mit Pfaffenlehners Hugo.

Es ist damals wohl eine harmlose Zeit gewesen, eine Welt ohne Gefahr. Oder nicht? Was war mit jenem silbern

8 Weihnachtsgebäck, hochdeutsch „Plätzchen", in Ulm und der Umgebung traditionell eher als „Guatsla" bezeichnet.

schimmernden Zeppelin, der eines Tages über Ulm flog und später vor Stuttgart ausbrannte? Wo liest man vom Donauhochwasser, das Menschen unter die Räder der Neu-Ulmer Trassmühle gedrückt und zerquetscht hat? Wer erzählt von den „Pfannenflicker" und „Hafenleute" genannten Zigeunern, die im Schneesturm an der Kleinen Donau fast erfroren sind?

Als Alfred Hoffmann beim Kaufhaus Maurer Dekorateur lernte, wurde dort täglich von sechs bis zwanzig Uhr gearbeitet. Selbst der Sonntag war nur zur Hälfte frei. Trotz solchen Drucks baute Alfred insgesamt dreizehn Boote und fuhr mit einem von Ulm nach Wien. Er hat aber auch historische Schiffsmodelle gebastelt, Temperabilder gemalt und noch als 80-jähriger seiner Tochter erklärt: „Wenn ich hundert bin, fang' ich erst richtig an."

Zweifel sind angebracht. Doch man möchte nicht bremsen. Niemand hat das Recht, dies zu tun.

„Schauen Sie …", sagt Rosemarie Schwarz, und nimmt drei Bilder von der Wand: Blumen, Singvögel, Blüten – fernöstlich-zarte Träume eines alten Insulaners, der im frisch gestärkten rosa Hemd fast feierlich wirkt. Besonders, wenn er fragt: „Merket Sie des jetz au? 's Licht nimmt immer mehr ab. Alles wird still."

Doch draußen ist es taghell, und der Autoverkehr dröhnt über die Herdbrücke.

Langsam, Wort für Wort, hat Alfred Hoffmann ein wenig vom alten Ulm aus dem Gestern geholt und zwei Stunden lang vor uns aufgebaut. Der Rest soll folgen: „Sie kommet bald wieder?" Bestimmt. Daraus wird aber nichts mehr, weil der Mann im gelben Häuschen es von einem Tag zum anderen eilig hatte und starb. Deshalb bleibt offen, ob das „Donabieble" wie ein Mauersegler geflogen ist. Oder …

Moment mal, unser Informant wollte dieses Geheimnis ja gar nicht lüften. Vermutlich.

„Ohne Humor könnt' ich nicht leben"
Klara Feger

Jeder kennt sie, der wenigstens zwei Ausstellungen des Kunstvereins Ulm besucht und die Frau wahrgenommen hat. Zwischen Gästebuch, Preisliste und Katalogen sitzend, zählt Klara Feger zum Kern der städtischen Kulturszene und wurde vor Jahr und Tag mit dem ihr zustehenden Prädikat geehrt: die Vorsitzende des Vereins, Elsbet Zumsteg-Brügel, nannte sie ein Kontaktphänomen.

Damit liegt sie richtig. Denn wer jemals das Parkett des Schuhhaussaals betreten und vor ein paar „Modernen" den Finger ans Kinn gelegt hat, ist vermutlich bald mit der zum Ortsbild zählenden Ulmerin in einen halblauten Dialog über die Frage gekommen: „Was haben er oder sie beim Schaffen gedacht?" Dann wird Klara Feger wohl auch einen Satz formuliert haben, den sie jetzt an ihrem Tisch im Haus Unter der Metzig 11 erneuert:

„Von Künstlern – also, da lern' ich unsagbar viel."

Klara Feger wurde am 15. April 1899 in der Lautengasse als Klara Antonie Schlichthärle geboren. Ihr Vater war, wie es damals hieß, Lokomotivheizer-Anwärter 1. Klasse und hinterher Chef der Schiebebühne am Güterbahnhof. Er hat jahrzehntelang Waggon um Waggon bugsiert. Als „heißverliebt in Ulm" beschreibt seine Tochter den allseits bekannten Mann und fügt hinzu: „Wissen Sie, was? Er durfte sogar

dem Max Reger[9] seine Instrumente ausladen, als der auf Tournee hier war." Technik und Kunst hat Anton Schlichthärle auch im städtischen Museum vereint, wo er mit großem Geschick vorgeschichtliche Scherben („seine Leibspeis' waren die") zum kompletten Gefäß verkittet hat: „Dafür war ihm ein Siebter Sinn gegeben."

Nicht anders ging es Schlichthärles Tochter. Nur lebte die jenes seelische Erbteil alternativ aus. Befragt, welches Ulm der Kaiserzeit sie heute noch vor Augen habe, antwortet Klara Feger etwas zögernd: „Eigentlich keins. Ich hab' mich damals wie in einem Traumland bewegt. Von der Realität blieb wenig hängen." Die nüchterne, auf Disziplin bedachte Mutter habe ihr Kind deshalb gelegentlich als „nicht ganz normal" bezeichnet, und wenn sie selbst sich recht erinnere, sei ihr als kleines Mädchen vieles traurig vorgekommen.

„War ich dann deprimiert oder verstimmt, stand plötzlich und immer wieder ein altmodischer Lehnstuhl im Raum. Auf dem saß ein bunter Kasper mit Trompeten-nase, kreuzte die Beine und schaute mich spöttisch an. Aber die anderen haben ihn nie gesehen …"

Klaras früheste Erinnerung ist scharf vom Spektakel platzender Weizensäcke in einer brennenden Mälzerei beleuchtet. Das muss um 1902 gewesen sein, nachdem ihre Familie von der Lauten- über die Hämpfergasse ins Haus Unter der Metzig 11 gezogen war. Hat sie Angst vor den Flammen nebenan gehabt? Nicht die Spur: „Ich bin ganz tugendsam aus meinem Bett aufgestanden, zu den Eltern gelaufen und habe ‚Feuer' gesagt." Etwas unheimlicher klingt da schon jenes Erlebnis, nachdem sie während des Winters 1903 in der Pfauengasse vom Rodelschlitten gefallen war:

9 Deutscher Komponist, Pianist und Dirigent (1873-1916). Bekannt wurde er nicht zuletzt durch seine Orgelwerke.

„Es wurde dämmrig. Papa und Mama haben meinen Sturz gar nicht bemerkt. Sie stapften weit voraus, ich aber lag reglos im Schnee. Alles war weich und still. Das Münster wuchs dunkel über mir empor. Da hat's mich geschaudert."

Sechsmal schlägt die kleine Zimmeruhr. Klara Feger steht auf – groß und schlank, mit kurz geschnittenem grauem Haar. „Nein, also wirklich", lacht sie unvermittelt. Dann wird das Deckenlicht eingeschaltet: „Sehen Sie, meine Bilder haben alle mit Humor zu tun. Ich brauch' so was um mich herum. Ohne ihn könnt' ich nicht leben."

Jetzt schenkt unsere Gastgeberin heißen Tee nach und zieht den Wärmer über die Kanne: „Das muss ich sofort erzählen. Sie kennen doch den Maler Paul Kleinschmidt? Als der in Ulm ausgestellt hat, kam eine Arztfrau zu mir. ‚Nein', hat sie gestöhnt, ‚diese vielen Popos und Rundungen – also ...' Frau Doktor, hab' ich geantwortet, gucken Sie doch bloß dieses Hinterteil an! Aber sie hat den witzigen Aspekt nicht erfasst."

Pause. Schließlich, langsam und Wort für Wort, ein Resümee: „So. Auch das ist Kunst."

Klara Feger kommt nun in Fahrt. Bald wird sie achtzig? Vermutlich ein Irrtum. „Läuft jemand durch den Schuhhaussaal und ruckzuck an den Bildern vorbei, frage ich manchmal: ‚Aha, schon fertig?' Dann nehm' ich so einen Besucher noch mal beiseite und erkläre ihm das." Was? „Eben die Farbkontraste oder was mit Form und Gegenform zusammenhängt. Wenn aber Leute für fünfhundert Mark ein Bild kaufen wollen, muss ich oft warnen: ‚Jetzt gehen Sie heim', sag' ich zu denen, ‚und gucken erst, ob's in Ihre Wohnung passt.' Wäre doch schad' drum, nicht?"

Etliches hat sie in diesem Zusammenhang von ihrem Mann Wolf gelernt, der als Buchbinder und Buchhändler auf Umwegen zu seinen geliebten Bildern kam und im Ulmer Museum des Dr. Herbert Pée genau das war, was Klara Feger seit zwanzig Jahren für viele Gäste des Kunstvereins ist: ein musisch-menschlicher Fixpunkt.

Obwohl ihr diese Position während der Ausstellungen kaum leicht fällt: „Ab und zu ist es schwierig, manches Unterschwellige, das den Malern selbst nicht immer bewusst wird, vier Wochen lang anzusehen …"

Als Wolf Feger noch lebte, sprach sie mit ihm darüber. Damals ist das Paar zu den Museen und Galerien in Paris, Basel, Zürich gereist oder hat Ägypten, Griechenland, Anatolien und Irland erlebt. Auch die Nähe zur Anthroposophie des Naturwissenschaftlers und Philosophen Rudolf Steiner war beiden wichtig. Ohne sich doktrinär zu verhalten.

„Mein Mann war halt die treibende Kraft, gelt?", sagt Klara Feger. Und wenn sie dieses „gelt" am Ende mit einem festen „t" enden lässt, schließt ein Kapitel im Buch des Lebens. Unwiderruflich. Wenn auch diverse Lachfältchen eher von Zugabe reden.

Noch einmal streift die alte Ulmerin durch acht Jahrzehnte. Sie erzählt vom ersten Kriegstag anno 1914 („wir Kinder jubelten wie verrückt, aber da hockte eine Frau vor der Wilhelmsburg und weinte lautlos in sich hinein") oder vom Frühjahr 1945: „Graue Gestalten drängten sich in einem Neu-Ulmer Keller um die letzte Kerze. Der Ausgang war verschüttet. Aber ich hab' gewusst: So lang dieses Licht flackert …" Wirkliche Angst hatte sie selten, und der Tod schreckt sie nicht. Ist er für sie doch nur ein anderer Teil des Lebens, eine Fortsetzung.

Was ihr fehlte? Nun, für eigene Kinder war es nach der Heirat 1940 zu spät gewesen. Dafür jedoch durfte sie andere um sich haben. Schließlich war Kinderpflegerin und Erzieherin ihr Beruf.

Üben konnte sie sich darin schon als Mädchen. Denn bereits ihrem kleinen Bruder („ein patenter Kerl") hat sie Geschichten erzählt, und die waren pädagogisch klug angelegt: „Da gab's eine erfundene Försterfamilie mit fünfzehn Kindern. Wenn er nun einen Tag lang nicht so gewollt hat wie ich – was war dann los? Ich hab' sie konsequent sterben lassen, eins–zwei–drei." Denn an Phantasie hat es ihr selten gefehlt. Von der Energie ganz zu schweigen.

41

Letztere zeigt sich einmal mehr, als Klara Feger spontan vom Tisch aufsteht, den Arm seitwärts reckt und sagt: „Er gehört auch zu meinen Verwandten. Vom Vater her." Sie deutet zum Fenster, hinter dem die Donau glänzt. Über Neu-Ulm steigt langsam ein Heißluftballon zum Himmel hinauf: „Erraten? Der fliegende Schneider – Albrecht Ludwig Berblinger!"

Dann wird wieder die Teekanne aktiviert, denn ihr Inhalt ist nach wie vor warm: „Da hätt' ich noch was schönes zu berichten. Etwa … Aber vorher nehmen Sie eine zweite Tasse, gelt."

"Tausend Nägel hend se gstreut!"
Karl Eisele

Im Jahr 1919 hat er, gerade Achtzehn geworden, als Pionier das Ulmer Zeughaus mit Stacheldraht umwickelt. „Ungemütlich war es damals so oder so", nickt Karl Eisele, „und kalt dazu. Frag' ich den Unteroffizier: Wie wär's mit a paar Handschuh'? Brauchst du net, antwortet der. Darauf ich: Dann lecksch me am Arsch."

Der 77-jährige nimmt einen großen Schluck Sherry, schüttelt sich („dees kauf-e nemme") und sagt: „Ja wissat Sie eigentlich, was mir damals passiert isch? Drei Tag bei Wasser und Brot han-e kriegt. Wo so a Wort heut' doch als Gruß gilt! Im Ulmer Fischermarsch kommt's vor, wenn au net offiziell …" Er runzelt die Stirn, steht vom Sofa auf, blickt prüfend aus dem Fenster des Häuschens am Frauengraben und beginnt zu erzählen.

Sein Bruder Hans hat zu Beginn der Weimarer Republik in Gottlieb Holbeins Fahrradfirma gearbeitet. Dort, Glöcklerstraße 42, lehnte damals das Renngerät Wilhelm Gerstenlauers. „Mensch", sagt Karl Eisele. „Mensch, han-e denkt. Dees ghört-am Kaiser persönlich. Mit dem Gaul oimol oms Viertel …" Hans hatte daraufhin eine Vorahnung. Respekt, soll er entgegnet haben. Wenn du dich traust, schenk' ich dir morgen ein Rad.

Also rieb Karl sich erst mal den Steiß wund, stieg dann vom ungefederten Sattel ab und wusste: das passt. Um 1920 herum war es, als er sein erstes Straßenrennen in Neenstetten fuhr, wo alle Wege geschottert waren.

Widerstand pur! Deshalb sei er auch gleich „wie die Sau"[10] losgefegt. Am Berg, kurz vor dem Ziel, habe ihn schließlich ein gewisser Dangelmaier eingeholt und gerufen: Nimmsch me mit? Doch bald sei ihm der Profi aus Donzdorf im Endspurt voraus gewesen, denn: „Was ein Sprint war – glaubat Sie, i han des gwusst?"

Solches zu lernen, hatte Karl Eisele während späterer Jahre genug Möglichkeit. Was er durch eine silberne Zigarettendose samt Gravur „KE" am Deckel beweist. Klappt man sie auf, ist innen zu lesen: „Dem vielfachen Urania-Sieger. Urania-Fahrradwerke Cottbus, 31. 10. 27".

Cottbus, Urania?

Bevor der 1901 im Albdorf Bernstadt bei Ulm geborene Sohn eines Dreschmaschinenbesitzers diese Namen erklärt, fragt er: „Wieviele Kinder waren wir? Drei Brüder, und jeder hat eine Schwester gehabt. Macht also …?" Sechs natürlich. Da schlägt Karl sich aufs Knie: „Vier!" Und meint schmunzelnd, auf diesen Witz sei sogar schon sein Zahnarzt hereingefallen.

Acht Knechte hatte Vater Andreas Eisele in Kost und Lohn. Sie zogen mit den besagten Maschinen, kohlebefeuert, bis nach Urspring oder Westerstetten und waren als mobiler Erntetrupp eingesetzt. Vor 1914 ist man gelegentlich auch nach Ulm gekommen. Erst zu Fuß bis Beimerstetten und dann per Bahn in die Stadt, wo der Knabe Karl drei gotische Turmspitzen sah. „Vadder", fragte er arglos, „welches von dene isch eigentlich 's Münschter?"

Pausiert hat man damals im *Goldenen Pflug* von Max Gerlinger am Kornhausplatz oder war im *Schiff* (Heimstraße 57) zu Gast. „Dort ist was los gewesen", erinnert sich Eisele. „Ein Kabbrä gab's, das der Friseur Bernhard

---

10 Mit enorm schnellem Tempo.

Greiner mit seinen Töchtern aufgezogen hat." Cabaret in Ulm? „Sowieso! Je eins im *Pflug* und *Schiff* – das beste aber wurde später vom Theodor Salim eröffnet." Er reibt vielsagend Daumen und Zeigefinger: „Sie wissat scho. *Goldener Hirsch,* ganz zentral. Für d' Großkopfete mit Geld …"

Letzteres war daheim knapp. So hat denn unser künftiger Rennradler nach dem Schulabschluss ein paar Monate lang Waggons rangiert, Munition für das an zwei Fronten kämpfende kaiserliche Heer gedreht und in mehreren Ulmer Gassen gehaust. Bis er schließlich – Erster Weltkrieg vorbei, Republik ausgerufen – am Frauengraben 33 landete. Neben seiner heutigen Wohnung.

Peinlich war es dort, wenn Besuch kam und rasch verschwinden musste. Der kroch dann wohl oder übel in die Stadtmauer, wo sich ein Abtritt für alle befand. Wasser floss in den 1610 für das Ulmer Militär erbauten Häuschen zwar schon, aber sonst? „Brutal primitiv", stellt Karl Eisele fest und trennt die Vergangenheit von der Gegenwart. „Nie mehr dran denken."

Gewisse Leute, wie schön, kennen ihn selbst nach wie vor. Passiert es doch immer wieder, dass jemand fragt: Sind Sie nicht dieser Radler X mit einem Sieg nach dem anderen? Alsbald wird über erste oder zweite Plätze geredet, über Glück und Pech, Tour Y und Meisterschaft Z. Denn Karl Eisele war bekannt. Sogar derart prominent, dass seine spätere Frau …

Vom Start in Neenstetten ist schon erzählt worden? Also weiter, egal. Schnell noch ein Blick zur Steinernen Brücke, ins Irrgängle zwischen Walfisch- und Sterngasse, auf diesen und jenen Winkel. Viele hat Eisele aquarelliert, zuerst als Schüler der Städtischen Kunstwerkstätten und dann als Dekorationsmaler. Noch heute kommt man zu ihm, der nach 1945 selbstständig war, und bittet: Streich' unsere Wohnung, sei so gut. Keine Chance.

Lieber schaut er zum Schrank, wo Pokal neben Pokal schimmert. Eugen Herold, Georg Fink, Karl Eisele – drei örtliche Pedalritter haben einst, in den zwanziger Jahren, Rennen nach Rennen für den Ulmer Radsport-verein „Consulat" abgespult. Wer nicht dabei war, hat etwas versäumt:

„Mannschaftsrennen Augsburg-Frankfurt, fünfhundert Fahrer, jede Menge Konkurrenz …" Eisele bricht ab. Er hebt die Schultern und holt Luft. „Was isch passiert? Tausend Nägel hend se gstreut!" Kölner Konkurrenten hatten getarnte Beutel am Sitz hängen und ließen deren Inhalt hinter sich, weil es hart auf hart kam. Halunken!

Mehr erwünscht? Gern.

„Straßenrennen Friedrichshafen-Heilbronn, dreißig Teilnehmer. In Laupheim zwanzig vorn, in Ulm sieben, in Göppingen zwei, in Stuttgart bin ich allein. Hock' also ohne Verfolger im *Pragwirtshaus* und entspann' mich. Tauchen nach vier Minuten drei Fahrer auf – Böpple, Glemser und Altenberg." Gut, denkt Karl Eisele, ich nehme sie mit. „Sagt Böpple zu mir: Wir machen es unter uns aus." B. soll Erster werden, A. wird Zweiter, Eisele kriegt den dritten Platz und G. („er hatte Schiss") Rang vier.

„Aber jetzt", schnauft Eisele, „jetzt wird's ernst." Prescht doch Glemser am Ziel in Heilbronn zuerst über die Linie und Böpple als Vierter. „Kannsch do no?" Der alte Champion ist noch immer empört. Aber er weiß auch, dass ein paar Ulmer bis heute schildern, wie souverän Karl Eisele anno Fünfundzwanzig das Feld dominiert hat. Fast bis zum Schluss. „Und des isch belegt, jawoll. Des sag ich sonscht nie!"

Einsame Spitze war der Radler damals und erst recht

drei Jahre später. Für Urania Cottbus wurde werbewirksam gesprintet, Mifa in Sachsen-Anhalt ließ ihn ebenfalls strampeln, und noch ehe er 1928 Württembergischer Meister wurde, kam es nicht selten vor, dass ein Radclub entschied: Wenn Eisele startet, melden wir nicht.

1929 in Hechingen war es dann aus. „Karl muss weg", sei das Motto gewesen. Deshalb habe ihn eine Clique von Neidern erledigt. „Der Jackl Kemeter aus München hat beobachtet, wie sie mir voll ins Kreuz gefahren sind. Ich runter, Arm kaputt, fertig. Die letzten fünfunddreißig Kilometer steck' ich den Bruch in meine Hose und halte irgendwie durch."

Trost, immerhin, kam vom Allgäu. Dort las die junge Maria Schleich den entsprechenden Bericht ihrer Zeitung. Diesen Mann will ich kennen lernen, dachte sie. Kein Problem, denn eine ältere Schwester lebte unweit des Frauengrabens. Mit deren Assistenz wurde ein Kontakt hergestellt – prompt biss das Opfer an. Die Hochzeitstour 1932 führte nach Wiblingen, rund sechs Kilometer zu Fuß und Arm in Arm. Maria war hell begeistert.

Aber geradelt sind sie hinterher ebenfalls …

Seinen Sport braucht Karl Eisele wie andere Menschen das Aspirin für den schmerzenden Kopf: „Ohne Maschee ben-e krank." Schlimm also, wenn sie geklaut wird. Er hat zum Glück Ersatz gefunden („prima Qualität") und kurvt seither wieder durch Ulm. Im Janker, mit Federn am Hut.

Wer ihn nicht zu nehmen weiß, könnte Eisele für den grimmigsten aller Rentner zwischen Donau und Rauer Alb halten. Lebt jedoch die verstorbene Partnerin auf, so klärt sich das Bild sekundenschnell. Dann sitzt jemand auf dem Sofa, der zwar keine Meisterschaft mehr gewinnen muss, aber in punkto Herz und Hirn noch vielen Leuten davonfährt.

„Selbst sonntags kam der Knecht"
Maria Eberspächer

Ein kleines Mädchen im weißen Kleid steht am offenen Grab. Es sieht fremde Köpfe hinter Taschentüchern und fragt: „Warum weinen sie?" Die Antwort zählt zu Maria Eberspächers frühesten Erinnerungen. Vier Worte sind es nur, doch heute wie damals beleuchten sie ein Bild, dessen Kontur nie verblasst.

„Das verstehst du nicht", wird gesagt.

Was dem viereinhalbjährigen Kind im Juli 1900 auf dem Ulmer Friedhof mit keiner Silbe erklärt worden war, sollte bald eine ganze Jugendzeit trüben. Denn die Mutter war nach der vierten Entbindung gestorben, und eine zur Pflege angereiste Tante wurde zum Dauergast. Damit endete für Maria (Maja) Poulanger sowie ihre zwei Geschwister Martha und Eduard ein frohes Leben.

„Man musste damit fertig werden. Was blieb anderes übrig?" Wer sich derart gelassen seiner dunkelsten Jahre erinnert, im Altenheim mit geradem Rücken am Tisch sitzt und ohne Eile Wort für Wort das eigene Leben rekapituliert, scheint über Kraft zu verfügen. Desto mehr, wenn zum Thema Krankheit nur gelacht und dann erklärt wird: „Fünf Operationen – alles gut."

Maja Eberspächer berichtet wenig vom Ulm der Jahrhundertwende. Fast könnte man meinen, sie sei erst 1917 geboren worden. In diesem Jahr heiratete sie den Kaufmann Paul Eberspächer, saß im väterlichen Haus unterm Schleier und fertigte ihre Stiefmutter ab:

„Nimm meine Hochzeitsgeschenke. Ich bin frei."

Wie unscharfe Fotos wirken die Reste erster Jahrzehnte diesseits wie jenseits der Donau. Nur zögernd fügt Maja Eberspächer sie zu einem Album aus Straßennamen und Adressen, knappen Kommentaren und unverbindlichen Erläuterungen. Doch was aus dieser Kollektion überdauert hat, summiert sich trotz aller Lücken zu einem Stenogramm wilhelminischer Zeit, innerhalb deren Grenzen ein Mädchen nicht viel und eine Stieftochter wenig galt.

1895 zur Welt gekommen und als jüngstes Kind des Brennstoffhändlers Fritz Poulanger teils in der Heimstraße, teils in Neu-Ulm (Ecke Garten-/Luitpoldstraße) aufgewachsen, erinnert sich Maja Eberspächer kaum einer Abwechslung so gern wie jener kaiserlichen Paraden am Münsterplatz, die ihr noch heute lieb sind. „Das Militär", sagt sie und schickt einen fragenden Blick durch ihr kleines Zimmer, „hatte damals halt viel Bedeutung. Nicht wahr?"

Schlittschuhlaufen („die Donau war öfter zugefroren als heut'"), ein langer und zuweilen gefahrvoller Fußweg zur Mädchen-Mittelschule in der Steingasse, von 1910 an Büroarbeit in Vaters Firma – „man war immer beschäftigt". Freundinnen? Nur Gustel kam ins Haus und auch die bloß zum Abschreiben der Schulaufgaben. Was ein Bürgerkind außerdem zu tun hatte, ist rasch notiert: Kochen, Sticken, Weiß- und Kleidernähen, Klavierspiel im Salon.

Allein zur Tanzstunde oder gar ein Abendflirt im Park? Undenkbar.

„Wenn ihr heiratet", hatte der Vater seinen Töchtern versprochen, „lass' ich euch gehen. Vorher nicht." Deshalb war es klar, dass Martha dem Käfig schon bald via Hochzeit entfloh. Während die Jüngere ausdauernd bettelte, bis Fritz Poulanger sie in Richtung Neu-Ulmer Lazarett ziehen und zur Pflegerin ausbilden ließ. Ein kleiner Schritt auf dem Weg zur Freiheit …

Schon vorher hatte Maja Poulanger einem Fingerzeig folgen wollen: Die Schwester des Dienstmädchens war nach Amerika ausgewandert, und diese Lösung versprach freie Bahn. Der Vater jedoch lehnte ab. So konnte es also geschehen, dass die Stiefmutter ("geh weg, du machst nur Schmutz") weiterhin für Angst sorgte. Bis ein gewisser Paul Eberspächer in Poulangers Brennstoffhandlung auftauchte und Maja Avancen machte. Von Monat zu Monat fand er gewagtere Worte, ebenso "shocking" wie wundervoll. Woraus sich ein züchtiges Tête-à-Tête entwickelte. Mit späterer Trauung im Ulmer Münster.

"Wir hatten damals noch ein Pferdefuhrwerk", erinnert sich Maja Eberspächer an die Jahre bis 1918. "Selbst sonntags kam der Knecht zum Füttern auf den Hof. Ein alter Mann (hieß er Maier?) arbeitete dort für meinen Vater. Er ist noch als 70-jähriger täglich von Leipheim bis Neu-Ulm und zurück gelaufen."

Kaum verheiratet, zog man nach Mannheim um, wo Paul Eberspächer als Prokurist im Baustahl- und Eisenhaus Weil & Reinhardt tätig war. Alle drei Kinder wurden am Rhein geboren, und Majas jugendlicher Schmerz schwand bald wie Schnee in der Sonne: "Es gibt ja für junge Paare nichts Schöneres, als in einer anderen Stadt allein zu sein. Niemand hat mehr unser gemeinsames Leben bestimmt."

Dafür mischten sich Leute ins Dasein von Bürgern, die als "Judenpack" galten: Sally Weil und Philipp Reinhardt bekamen dies nicht mehr zu spüren – Ersterer starb schon 1927, sein Kompagnon emigrierte. Weils Sohn Robert floh nach Frankreich, er brachte sich kurz nach Kriegsbeginn um. Paul Eberspächer aber war lange zuvor arbeitslos geworden, eröffnete später eine Markthalle und kam 1935 mit seiner Familie nach Ulm zurück. Dort hatte sich seit 1918 vieles geändert: Autos fuhren herum, die Hakenkreuzfahne war obligatorisch, „artfremde" Ulmer mussten ihre Heimat verlassen. Sie wanderten aus oder wurden ermordet.

Maja Eberspächer stand damals am Bahnhof, verpflegte durchfahrende Truppen und sah die Juden abreisen. „Bitte grüßen Sie meine Familie", dieser Ruf schmerzt nach wie vor. Auch ein anderer Satz bleibt aktuell: „Wenn das nur gut geht". Als Illustration dienen der so genannte Führer Adolf Hitler und dessen Triumph. Begeisterung überall, ein Volk im Rausch. Wer nicht jubelt oder gar Widerstand leistet, hat wenig zu lachen.

Wenn das nur gut geht …

Auf welchem Gleis und wohin es lief, entdeckte die Krankenschwester relativ spät. Ihr Mann war als Offizier bei der Standortverwaltung eingesetzt, sie aber schob sich während des Zweiten Weltkriegs Woche für Woche durch Waggons, um Kaffee und Brot zu verteilen. Was Maja nun sah, schärfte den Blick: „Nie werd' ich ihn vergessen, diesen jungen Verwundeten – blind, beide Hände amputiert. Da wurde man äußerlich kalt. Aus Selbstschutz."

Hatten viele Soldaten Anfang September 1939 meist siegessicher gesungen („der Zug fuhr in Richtung Polen ab, wir hörten sie noch bis von Neu-Ulm her"), so murmelte es nun durch die Abteile: Das kann nicht ewig dauern, irgendwann muss Schluss sein.

Was ab 1916 Alltag gewesen war, sagt Maja Eberspächer, habe sich zu gegebener Zeit am Ulmer Hauptbahnhof wiederholt. 1945/46 warteten Zivilisten auf die Männer in Uniform, doch manche Hoffnung wurde enttäuscht. Das gleiche Bild im Heimkehrerlager am Kienlesberg: Humpelnde Veteranen, Desillusion und Dreck, Frauen und Familien ohne Mut. Maja Eberspächer war dabei. Sie organisierte auf der nahen Alb den jetzt dringend benötigten Wohrraum für Flüchtlinge, ließ nähen und kochen, sammelte Kleidung und packte zu, wo Hilfe gebraucht wurde.

1949 starb ihr Mann, was wiederum kühl kommentiert wird. Denn Distanz hat Priorität: „Das kam ganz plötzlich und war schon … sehr unangenehm. "

Blick zurück auf die Bombenangriffe der Jahre 1944/45: „Nie hab' ich Angst gehabt. Wo wär' man da hingekommen?" Blick nach vorn auf das persönliche Ende: „Der Tod ist nicht mein Thema. Er liegt in anderen Händen." Was ihr ein Leben lang Halt und Inhalt gab, wird knapp umschrieben: „Ich hatte zwei Tanten. Diese Diakonissen haben mir beigebracht, dass man für Andere da sein soll."

Ihr Besuch steht auf und greift nach der Jacke. „Darf ich?", fragt Maja Eberspächer, worauf wie ertappt hinzugefügt wird: „Man ist's halt gewöhnt …" Ähnlich ging es ihr mit der Arbeit beim Ulmer Roten Kreuz. Bis ins hohe Alter war sie dort als Kreissozialleiterin beschäftigt – unbürokratisch denkend und handelnd, wann immer zu helfen war.

Noch ein paar Worte zur fernen Vergangenheit? „Ach wissen Sie, schön waren damals die Uniformen. Das kommt nie wieder …" Tadellos aufrecht steht jene Frau da, die gleich darauf wie zu sich selbst sagt: „Früher lebte man viel mehr im Heim und für die Familie. Da seh' ich ja nun bei den Kindern und Enkeln so manches …"

Der Satz bleibt ohne Schluss. Aber das Lächeln in Maria Eberspächer Gesicht verschwindet nicht.

„Man ist jetzt mit all dem Zeug fertig"
Wilhelm Weller

„… dann haben sie meinen Vater und mich morgens um Fünf aus dem Bett geholt." Nein, eine verschnörkelte Anekdote ist das nicht, was der Gastwirtssohn da präsentiert. Genau so legt man Bomben frei: vorsichtig. Fliegt dieses Ding eventuell in die Luft?

Wilhelm Weller war vor Jahrzehnten Mitglied der Kommunistischen Partei Deutschlands (KPD). Während einer Zeit, da auch in Ulm jenes Garn gesponnen wurde, das von 1933 an als großdeutscher Teppich ausgerollt wurde. Dass es sich dabei statt des roten Läufers schon früh um eine braune Marschbahn handelte, wissen wir.

„Ich bin halt hineingeschlittert", sagt der 73-jährige Mann. Indes war sein Wechsel nach links keine fröhliche Rutschpartie. Wie all jene, die keine „Volksgenossen" waren oder sein wollten, hat Wilhelm Weller bezahlt. Zwölf Jahre lang. Ihm blühten nicht „Ehre, Freiheit und Brot" (Slogan der Nazis 1932). Er litt unter Konzentrationslager, „Frontbewährung" sowie einem in Russland zerschossenen Fuß.

Bis dahin ging es durch drei Systeme, vom Königreich Württemberg des Geburtsjahrs 1906 über die Republik zur nationalsozialistischen Diktatur. Weshalb es kaum überrascht, dass der gelernte Autoschlosser Wilhelm Weller heute in seiner Wiblinger Wohnung sitzt und nüchtern Bilanz zieht:

„Man ist jetzt mit all dem Zeug fertig."

Schon als Kind war er 1911 samt Eltern und drei Geschwistern nach Ulm gekommen. „Deshalb", sagt der frühere Fernfahrer und Zeitschriftenhändler, „muss ich von meinem Senior erzählen. Er hieß ebenfalls Wilhelm." Eine Mappe liegt vor ihm, sie enthält das Leben des Druckers. „Vater ist bis nach Sachsen gewandert. Er hat dort die Arbeiterbewegung kennen gelernt, August Bebel und Karl Liebknecht sogar persönlich." Als Weller dann leberkrank wurde und – ausgerechnet – als Wirt zu debütieren begann, hatte sein Schiff ans Ufer gefunden.

Bassgeige, Bellevue sowie *Bienenkörble* hießen Wilhelm Wellers erste Gaststätten. In einem jener Stuttgarter Lokale war er der Köchin und künftigen Ehefrau Emilie Eberhard begegnet: mit ihrer von Jahr zu Jahr größeren Familie zogen beide später nach Ulm und pachteten dort die Varieté-Gaststätte *Goldener Pflug* von Georg Schöllkopf. Bis 1918 führte das Ehepaar am Kornhausplatz 2 ein solides Haus, in dessen Obergeschoss Artisten jeglicher Provenienz beklatscht wurden.

„Do, gucket Se", schiebt Wilhelm Weller junior die Brille nach unten: „Komiker Max Lampl, Entfesselungskünstler Esserode oder hier – zwei Parodisten namens Klein und Schnell." Alle in einem Buch verzeichnet, das der Papa einer gestrengen Obrigkeit zuliebe führen musste.

Wie lange? Als Schöllkopf den *Pflug* zum Verkauf anbot, reagierte sein Pächter nicht. Die Ulmer Schreinerzunft griff zu, „und weiß Gott, mein Vater lag flach". Da aber meldete sich der Pferdemetzger Adolf Schilling, bot das *Weiße Ross* am Kornhausplatz 7 an, und Wellers Varieté war gerettet. So dass die oberbayerische Volksbühne Thoms weiter gastieren konnte. Ihr Drama „König Ludwig II." war konkurrenzlos.

Weller junior schließt kurz die Augen. Dann sagt er

langsam: „Fünf–und–zwan–zig Millionen Mark. Sech–zig Millionen." Für solch astronomische Beträge wurden, in der Inflationszeit, das *Weiße Ross* und 1922 ein anschließend gekaufter *Fürst Bismarck* (Karlstraße 57) abgestoßen. Es folgte die Gaststätte *Goldener Greifen* (Frauenstraße 31) und mit ihm eine Zäsur.

„Da muss ich jetzt mal vorausschicken", streicht Wilhelm Weller ein unsichtbares Tischtuch glatt, „dass mein Vater als Gastwirt gut war und meine Mutter bestens gekocht hat. Im *Greifen* gab's das örtliche Augustiner-Depot, auch private Kundschaft wurde beliefert." Wir sehen den 19-jährigen Sohn durch Ulm laufen, hinter ihm rattert der Leiterwagen: „Fünf Pfennig billiger war unser Bier!" Was taten die anderen Wirte? Sie begannen zu maulen. Mehr blieb nicht zu tun, denn …

… im Sommer 1925 tritt das Schicksal in Gestalt eines Unbekannten auf. Er bestellt bei Wellers Schwester den Saal und schreibt drei Lettern ins Mietbuch. Anna ahnt nichts. Dafür marschieren am vereinbarten Tag morgens um sechs Uhr Männer in Formation daher, singen die Internationale und heften ein Plakat ans Hoftor, worauf zu lesen ist: „Standquartier der KPD".

Das hatte Folgen. Der Hausbesitzer, Graf von Weißenstein, wurde alarmiert und soll gesagt haben: Fristlose Kündigung. Wilhelm Weller („ich kann an jeden vermieten") wurde mit Frau und Kindern entfernt, vom Hasenwirt Philipp Mohr aufgenommen und schließlich in eine kommunale Wohnung verfrachtet.

Der Hauptgrund für jenen Rausschmiss seien die „Roten" gewesen, denen kein Ulmer Wirt seinen Saal hatte überlassen wollen, meint Wilhelm junior. Er trat vier Jahre später, sein Vater 1931 der Kommunistischen Partei bei. Aus Trotz? „Bestimmt nicht. Ich war schon damals wach und hab' als Fahrer auf Tour im Stuttgarter Hotel

Marquardt mitgekriegt, wie Reiche in Saus und Braus lebten. Doch es gab mehrere Gründe." Annoncen habe er geworben, die „Arbeiter Illustrierte Zeitung" ausgetragen und im Zug der örtlichen KPD musiziert. Damit war es bald vorbei.

Beide Wellers werden am 11. März 1933 während einer Razzia aus dem Bett heraus festgenommen und ins Konzentrationslager Heuberg verschleppt. Weller senior kommt nach drei Wochen frei, seinem Filius wird in Block 39 der rote Winkel eines „Politischen" verpasst. Resultat: Vier Monate Pöbelei, Prügel, Strafexerzieren. Mitte Juli entlassen, bringt er sich als ambulanter Arbeiter über die Runden und gerät 1935 in ein Mahlwerk von lautloser Perfektion:

„Ich hab' den an einem Kiosk ausgehängten Leitartikel des Wiesbadener Tagblatts vorgelesen ..." Wellers Pech war nur, dass der über den siebten Arbeiterkongress in Moskau berichtete und zugleich ein Spitzel neben ihm stand. Später erfuhr er, dass während jener Tage achthundert „Verdächtige" geschnappt worden waren. Aber da hatte er längst einen Prozess wegen Vorbereitung zum Hochverrat hinter sich und fünfzehn Monate KZ im ostfriesischen Papenburg-Börgermoor[11].

„Im Vergleich zu Auschwitz war das ja harmlos", wischt ein Mann sechzig Wochen Zwangsarbeit weg, der nach seiner Entlassung nichts mehr galt. Wenn Sie den beschäftigen, hieß es bei fast allen Kunden deutscher Betriebe, bleiben wir weg. Trotzdem fand Wilhelm Weller Arbeit als Walzenführer, Bauhelfer oder Kohlenfahrer. 1938 wurde er gemustert und als wehrfähig eingestuft. Denn zum künftigen „Kampf um neuen Lebensraum" war auch so mancher Kommunist gut genug.

11 Dort war das im Widerstand gegen die Nazis von Mund zu Mund gehende Lied „Die Moorsoldaten" entstanden.

Da machte selbst ein roter Strich in der Wehrstamm-
rolle (= Funktionär der KPD) nichts aus oder achtzehn
angebliche Vorstrafen, die von „Teilnahme an einer
verbotenen Demonstration" bis zum „Tragen von Schlag-
waffen" reichten: Weller marschierte 1940 nach Frankreich und zwei Jahre später durch die Sowjetunion,
wurde verwundet und nennt ruckzuck den Tag seiner
Amputation: „20. Juli 1944!" Wer könnte ein solches
Datum vergessen, das zwar Wilhelm Wellers rechten
Fuß, nicht aber einem Adolf Hitler das Leben gekostet
hatte …

Ob der KP-Mann während des Weltkriegs aktive
Genossen traf? „Keinen", wehrt Weller ab. Die Partei, wird
angedeutet, habe ihn nach 1945 tief enttäuscht. Deshalb
sei er 1949 ausgetreten. Wenig später habe man in Ulm
ein Flugblatt gegen ihn verfasst. „Unterschlagung von
Arbeitergeld wollten sie mir vorwerfen", schüttelt Weller
den Kopf. „Erledigt sind die für mich."

Ist Wilhelm Weller vergrämt, vom politischen Beben
schwer erschüttert oder gar depressiv? Weder noch.
Zwar grollt er bis heute jenem Bürgertum, das seinen Vater
vor Jahr und Tag in die Pfanne gehauen hat. Jedoch:
„Mir wurde erst neulich ein zweiter Herzschrittmacher
eingesetzt. Der hält viel aus."

„Verschlaga hot mr anander au"
Mathilde Metz

Mag ein gestandener Ulmer Bürger auch Schönstes besitzen, er trägt gewiss nichts auf die Straße. „Gass' muss es heißen!", verbessert Mathilde Metz sofort und weist zum Fenster. Im innerstädtischen Raum hat sie vor sechsundsiebzig Jahren das Licht der Stadt erblickt. Als Tochter des Spenglermeisters Fritz Heinrich junior.

„Mir warat scho wiif", gluckst es aus ihr heraus. Sie meint damit sich selbst sowie ihre temperamentvollen Geschwister („fünf Kinder innerhalb von sechs Jahren") und entwirft mit ebenso raschem wie festem Strich ein Tableau der Platzgasse. Sein Rahmen allerdings, da kennt die Frau keinen Kompromiss, darf nicht vergoldet und der Inhalt soll schnörkellos vorgeführt werden.

Halt' dich zurück. Du bist doch kein Protz.

Mathilde Metz sitzt in der Wohnstube ihres Hauses Platzgasse 1, fixiert einen ölgemalten Vorfahren und bekennt: „Man hängt vielleicht zu sehr an Ulm. Deshalb wird fast nicht verreist – ich weiß ja auch wenig." Aber gerade Letzteres dürfte ihr kaum ein Mensch abnehmen. Jedenfalls niemand, der die Nachfahrin jenes streng von der Wand blickenden Komponisten kennt, dessen Name Johann Christoph Kienlen lautet.

Er war der Onkel einer Urgroßmutter, wurde 1784 geboren und galt bereits im achten Lebensjahr als hoch begabt. 1807 zum Direktor der Ulmer Stadtmusik

ernannt, war Kienlen mehrfach durch halb Europa getourt und 1830 in Dessau gestorben. Völlig verarmt. Angesichts dieser Biografie und Kienlens steiler Stirnfalte setzt Mathildes eigenes Fazit den Kontrapunkt: „Je älter ich werd', desto deutlicher kommt bei mir der Humor durch." Wer das glaubt? Jeder, der ihre Geschichten hört.

„Es ist um 1910 gewesen", beginnt sie und kommt ohne schmückendes Beiwerk aus. Ihr Vater hatte die Gewohnheit, „sei Sächle" gelegentlich abends im Winkel vor der Tür zur Werkstatt an der Rebengasse zu verrichten, doch die Polizei war wachsam und legte ein Bußgeld fest. In Fritz Heinrich begann es zu kochen. Nichts wie hin zum Rathaus, hieß die Devise, am besten im Schurz.

Einen solchen Mann beim Ortsrichter Hermann Schaible vorlassen? Nie. „I muaß aber!", schrie unser Sünder, und der Jurist ließ bitten. Worauf sich folgender Dialog entwickelt haben soll: „I zahl die femf Mark." „Ja, und?" „Wenn dia Herra (Stadträte) au zahlat, dia emmer nachts aus dr *Oofagabel* nausdappat ond ontr mei Schloofzimmerfenschter … I kenn jeden am Strahl. Verschtandat Sie?" Darauf Schaible mild: „Ist gut, Herr Heinrich. Sie können gehen."

Die *Ofengabel* in der Vorderen Rebengasse war damals ein sauberes Wirschäftle, in dem selbst Honoratioren wie Oberbürgermeister Heinrich Wagner verkehrten. Ob etwa auch er …? Die Fama schweigt. Desto lebhafter quert Mathilde Metz im Rückblick auf ihre Kindheit das Gassenmilieu. Sie lässt den erbosten Krättaweber[12], ein Antiquitäten sammelndes Ulmer

---

12 Johann Jakob Weber (1858-1920), ein meist saugrob scheltender Gemüsehändler. Dieser hagere Mann trug stets einen Henkelkorb, alias „Krätta", und wohnte zuletzt in der Sedelhofgasse.

Original, hinter sich schimpfen und spult vergessene Bräuche ab.

Zum Beispiel: Jeden Freitag wurde im Haus alles Messing und Kupfer geziegelt, also mit rotem Steinmehl geputzt, was „Ziegelweiber" besorgten. Die bis heute partiell erhaltene Sammlung betagter Zinngefäße aber musste poliert werden, wozu man „Katzawedel" verwendete – den Schachtelhalm Equisetum arvense. Fritz Heinrich senior schnitzte während dieses Rituals („mit dem Zollstock wurden es abgemessen") das als „Schpächtala" bekannte Feuerholz. „Ach", sagt Mathilde Metz, „meine Großeltern waren halt zu nette Leut'."

63

Bei der jüngeren Generation ging vieles restriktiver zu. Zärtlichkeit hielt sie für „net naitig"[13]. Gelegentlich Bonbons oder Schokolade? „Iss du a guats Butterbrot", hieß es höchstens. So bhäb[14] sei man im Elternhaus gewesen, erzählt Mathilde Metz, dass Vater Heinrich oft im Spielwarenladen seiner Frau Wilhelmine an der Platzgasse 3 die 1912 installierten Lampen gelöscht habe. „Selbst wenn ein Kunde anwesend war."

Auf diese Weise ist man, nicht nur im alten Ulm, zu Wohlstand gekommen. Was einen Blick auf jenen zentralen Sektor erlaubt, der auch bei den Heinrichs populär war und drei Teile enthielt: Schaffen, schaffen, schaffen. Denn schon Urgroßvater Karl Friedrich hatte um 1830 am Münster, links neben dem Brauttor, seine Spenglerwerkstatt eröffnet. Er kaufte vier Jahre später das Anwesen Platz-/Rebengasse plus Hinterhaus.

Das erwähnte Spielwarengeschäft war von Mathildes Großmutter Anna Walcher („Schmiedetochter vom Weinhof") im Vorderbau eingerichtet worden. Sie übergab es an die Mutter von Mathilde Metz, Wilhelmine Wanner,

13 Unnötig, ohne Belang. 14 Sparsam, wohl von „behalten" hergeleitet.

womit ein neues und strenges Exemplar „schaffiger"
Ulmerinnen den Alltag bereicherte. Anders Fritz Heinrich:
„Der ist zwar oft aufgebraust, aber im Grund war er
weich." 1914 kam ihm beim Anblick jubelnder Freiwilliger
das Heulen. Denn er sah hinter ihnen schon den im
Stechschritt marschierenden Tod.

„Sonntags", sagt Mathilde Metz, „ist er zuerst durchs
Haus gelaufen um zu gucken, ob alles in Ordnung sei.
Dann wurde jede Uhr aufgezogen, der Platz am Fenster
besetzt und auf die Gass' gespitzt. ‚Aha', konnte der
Vater manchmal beim Anblick nobel gekleideter Kirch-
gänger schmunzeln, ‚unsre Stammgäscht'.' Er selber
gehörte ja nicht dazu. Aber wenn man etwas gegen den
Klerus gesagt hat, war's aus."

Vor dem Essen ging der Spenglermeister Woche für
Woche zum *Russischen Hof* am Bahnhofsplatz, wo
Ulmer Handwerker ihren „Frühmess'" genannten Stamm-
tisch pflegten. Nachmittags spazierte er mit Frau und
Kindern in die Friedrichsau zur *Hundskomödie*[15], ließ
Letztere im fußbetriebenen Karussell (alias „Reitschul'")
der Witwe Emilie Usenbenz Ringelreihen fahren und
trank das Bier an jenem Platz, der ihm per Herkunft zu-
stand. „Bürger und Hautevolée waren streng getrennt."
Und wo hockten die kränklichen Leute? Im verglasten
„Marodestall".

Nicht nur in der Au gab es Inseln: Auch zwischen
Münsterplatz, Hafenbad, Herrenkeller- und Pfauengasse
war jeder Bereich abgesteckt. Dort spielten Kinder
„Fang' me doch", warfen am Haus des mit großen Lettern
für sich werbenden Gärtners Karl Bierdämpfel (Rebengasse 10) kleine Bälle gegen die Schrift und reihten ihre
Docken[16] auf. Das Mathildchen verschenkte gar eines

15 Seit 1811 bestehender bürgerlicher Gesellschaftsgarten, vor allem im
Biedermeier ein populäres Ausflugsziel. Jetzt Gaststätte (Pizzeria).

Tages großzügig seine schönste Dockenstube samt Inhalt, Mama indes holte das gute Stück wieder heim.

„Aber verschlaga hot mr anander au", gibt Mathilde Metz der Panne den Schubs und schleust zwei Typen durch unseren Treff. Das „Pfeifamaale", zum Beispiel, einen Spitalbewohner [17]. „Wenn mr dem pfiffa hot, ischer wild worra." Oder die „Bändelmaiere", welche beim Seifensieder Gustav Molfenter am Judenhof Ware gekauft und sie („Schuahbendel-Zendhelzla …") ambulant unters Volk gebracht hat. Dass ein Stelzfuß sie hinken ließ, war bekannt. Was aber die Prothese nicht sichtbar geschmückt hat, scheint nur Mathilde Metz erspäht zu haben: „Ein Nagel steckte drin, und an dem hing der Hausschlüssel."

Ordnung musste halt sein. Wie bei Frau Maier so im Haus Heinrich. Nicht dran zu denken, dass etwa woanders als bei der eigenen Kundschaft gekauft worden wäre! Was sich vor allem um Sankt Martin zeigte: Gab es knuspriges Federvieh, so wurden die Heinrichskinder nur zur Gaststätte *Raben*, in den *Herrenkeller* oder zum *Prinz Weimar* (Walfischgasse 2) geschickt. Sie bekamen statt Gänseklein große Portionen.

Damit Vater Fritz am Sonn- oder Feiertag unter Dampf sein konnte, ließ er sich beim Delikatessenladen der Gebrüder Breuninger (Ecke Platz-/Herrenkellergasse, jetzt FlorMarkt) sieben „Schuß-Zigarren" holen. Die waren lädiert, kosteten zusammen nur zwanzig Pfennig und schmeckten allein schon wegen des Preises genial. Gut möglich, dass Mathilde dann auch eine gewisse Frau Professor getroffen hat, deren Geiz bekannt war. Sie saß, um nicht feuern zu müssen, sogar im Februar am offenen Fenster und strickte.

16 Altschwäbisch: Puppen. 17 Spital: Damals Altenheim für Bedürftige (nahe der evangelischen Dreifaltigkeitskirche), einst vom Heiliggeistorden betrieben.

„Wo gangat Se na?", hat Fritz Heinrich einmal die Gnädige gefragt, als sie an seiner Werkstatt vorbei-wallte. „Zum Bad an die Donau. Dort bin ich jeden Tag." Darauf der Spenglermeister: „Jetz kann-e gar nemme. Send Sia so dreckat?" War sie natürlich nicht. Doch Heinrichs Witz bewährte sich auch weiterhin und schlug selbst in heikler Lage zu. Wann und wo, erzählt seine Tochter:

„Gegen Ende des Ersten Weltkriegs auf dem Ulmer Friedhof. Im Lazarett ist ein Soldat verstorben. Zwei Leichenwärter richten ihn her, sind aber elend langsam. Kommt mein Vater schon ziemlich sauer heim und stiefelt am nächsten Tag um sechs Uhr früh los, denn er hat den Zinksarg zu schließen. Schnell, es pressiert! Wieder nickt das Duo fast ein. Schimpfend lötet mein Vater und wird knapp damit fertig. Sagt er zur schwächs-ten Figur: ‚Du Dackel. Du hosch doch zwoi lenke Händ. Wa' bisch von Beruf?' Darauf der: ‚Pfarrer …' "

Als Exkurs darf nun zwischen Heiteres auch eine ernste Passage gefügt werden, die mit Mathilde Heinrichs Ehe und dem Haus Lange Straße 15 zu tun hat. Dort, wo Metzgermeister Ernst Metz den Betrieb seines Vorgän-gers Robert Funck übernommen hatte, stand unsere Erzählerin oft am Tresen. Trotz des Judenboykotts im NS-Staat ging sie mit assimilierten (nicht koscher kaufen-den) Kunden „betont freundlich um, grad zum Fleiß". Keine Angst vor Rache durch das Regime? „Ach was."

Ulmer Skizzen – Mathilde Metz hat in ihrem Fundus gekramt und da oder dort kräftige Farben hinzugefügt. Aber sie kann noch mehr. Nicht nur singend im Verein „Teutonia", sondern auch als Führerin durch alte Quartiere rund um das Münster. Eine Passion, die dem Kunst- und Bauinteresse ihrer Eltern zu verdanken ist. Sie fanden sich nach 1945 in der veränderten Platzgasse nur noch mühsam zurecht und haben gleichwohl keine Scheu an Mathilde Metz vererbt:

„Klartext bleibt wichtig. Ich seh' die Welt bestimmt nicht rosa. Trotzdem hat sich bei mir zum Alter hin alles geläutert." Zwar seien die finanziellen Schulden am Kriegsende „so hoch wie Scheiterbeiga"[18] und das völlig zerbombte Haus ein Zentnersack gewesen, doch habe solche Last sie immer enger an Ulm gebunden.

Was sagte Vater Fritz Heinrich oft zur Familie? „I komm no ens Schpittel[19] mit euch!" Falsch gedacht. Kein Kind ist dorthin geraten. Anders der Vorfahr Johann Christoph Kienlen. Ernst, mit fahlem Gesicht und weißer Perücke, blickt er auf Mathilde Metz hinunter. Als ob er vom Sterben im Elend berichten würde: „Mädle, in Dessau war's arg. Sei froh, dass du hier geblieben bist."

---

18 Am Haus aufgeschichtete Holzstapel. 19 Ulmer Armenhaus, siehe Anmerkung 17.

„Die Demütigung vergess' ich nie"
Richard Dick

Läutet man an seiner Tür in der Zinglerstraße 38, dann passiert gar nichts. Keine Diele ächzt, kein Gesicht tauchte zuvor am Fenster im zweiten Stock auf. Also nochmals klingeln und warten. Schließlich Schritte, jemand fummelt am Schloss, langsam wird geöffnet. Ein kleiner, gebeugter Mann guckt durch den Türspalt: „Ja … ?"

Das ist Richard Dick.

Gestern war Waschtag. Zwei sauber gefaltete Bettlaken liegen auf der Kommode, daneben Kekse und eine Flasche Wein. Kaum zu glauben: Ein 94-jähriger sitzt nun am Tisch des Wohnzimmers und bezeichnet sich lächelnd als autonom. Einkaufen, kochen, waschen, bügeln – alles Routine. Sogar in seinem Photographenberuf (mit „ph", denn Dick begann 1900 zu lernen) ist er noch immer, wie seit fünfzig Jahren, aktiv. Von der Aufnahme übers Labor bis hin zum fertigen Bild bleibt Richard Dicks fachlicher Bogen gespannt.

In der Vergangenheit war das nicht anders? Man möchte mehr wissen und hört wieder das „ja …" Nur klingt es jetzt skeptischer als im Flur, wird von einem Blick aus blaugrauen Augen begleitet und durch die vermutlich nicht allzu ernste Frage ergänzt: „I weiß net – kommt was raus dabei?" Versuchen wir es.

Ende 1888 im Fischerviertel. Die Frau des Schneidermeisters Dick packt ihren jüngsten Buben warm ein und trägt ihn vom Vaterunsergässle zum Saumarkt hinüber.

Dort, beim Maler Erne, feiert man unter dem Christ-
baum. „Erste Erinnerung", sagt Richard Dick. Friede auf
Erden und den Menschen ein Wohlgefallen? Seit zehn
Jahren gilt das Sozialistengesetz, doch die Sozialdemo-
kraten geben nicht auf. Trotz SPD-Verbots wird Richards
Vater, als Anhänger Ferdinand Lassalles, bald den „Ulmer
Volksverein" gründen. Er ist dessen erster Mann in Ulm.
Fast könnte man sagen: ein Tapferes Schneiderlein.

Robert Dick stammt aus dem Milieu verarmter Weber,
war Stadtrat und gehörte seit 1917, als Gründungsmitglied,
zur Unabhängigen Sozialistischen Partei (USPD). Bis zu
seinem Tod saß er für sie im kommunalen Parlament sowie
im Stuttgarter Landtag. Als Dick 1928 starb, hat er gebeten: „Haltet mir bloß die Pfarrer ..." Aber davon später.

Vorher kramt sein letzter noch lebender Sohn
im Gedächtnis und findet zunächst nur behauenes Holz,
„es lag am Münsterplatz vor der Bauhütte". Also wohl
Balken vom obersten Hauptturmgerüst? Die zweite Por-
tion wiegt leichter, stammt ebenfalls aus dem Jahr
1890 und lässt das sommerliche Fest zur Vollendung des
Münsters wie Nebel wabern. Ein dritter Versuch schafft
Konkretes ans Licht:

„Ich hab'", tippt Richard Dick sich an die Stirn, „einen
Dachschaden."

Was kaum zutreffen dürfte. Denn nicht sein Hirn
ist lädiert, sondern im Dick-Haus an der Radgasse hatte
es heftig geknirscht. Feuerholz war mit einer Winde
unter das Dach gehievt worden, sie brach und dem fünfjährigen Richard prasselte hartes Material auf den
Kopf. „Gedichte hab' ich nie behalten können", sagt er
und erinnert einen Mann, von dessen grober Handschrift auch andere Zeugen erzählen. Jener „Sauhund"
habe Zensuren prügelnd verteilt. Die Zeit an der Kepler-
Mittelschule sei schlimm gewesen.

„I war halt a dürftigs Büble ..." und „als sozialistische Bosheit ist mir meine Lernschwäche ausgelegt worden" – so lauten zwei Anmerkungen Richard Dicks, denen das Korrektiv folgt: „Aber gewehrt haben wir uns schon!" Hatte doch der Bub eines hohen Ulmer Polizeibeamten alle Dick-Kinder pauschal „bleede Sozialdemokrata" genannt. Wofür er, mit werktätigem Schwung, seine Quittung erhielt.

Sie waren sieben daheim: Ferdinand, Adolf, Robert, Ernst, August, Richard und Berta. Je schneller sie wuchsen, desto dringender wurden die Wechsel in größere Wohnungen. Was vom Vaterunsergässchen über die Radgasse zur Weber- und schließlich in die Rosengasse führte, wo Robert Dick senior im Februar 1901 das Haus Nummer 9 ersteigert hatte. Achttausend Mark musste er hinblättern. Ist es Dichtung oder Wahrheit, dass Oberbürgermeister Heinrich Wagner dem beliebten Schneidermeister zwanzig Goldmark dazulegte?

Richard war damals – 1886 geboren – fünfzehn Jahre jung. Er streift jetzt die Locken zurück („hab' immer langes Haar gehabt") und legt beide Hände vor das Gesicht. Ein Ulm ohne Elektrizität taucht auf, denn „nur Talg oder Petroleum wurden verbrannt". Dazu Mutters Kost: Brotsuppe, Musbrei, Kartoffelspatzen, Saure Kutteln und am Sonntag ein Hammelschwanz. „Überhaupt gab's immer sehr wenig Fleisch."

Robert Dick? Rundum interessiert sei er gewesen, stets fortschrittlich denkend und kreativ: „Zu Weihnachten wurde ein Theäterle mit Figuren aus Karton und Schiebekulissen gebastelt. Den ‚Freischütz' haben unsere Eltern besonders gern aufgeführt. Dazu sang die Mutter ‚Wir wihin–dehen dir / den Juhung–fehern–kranz', und Vater schepperte zur Szene in der Wolfsschlucht mit dem Backblech. ‚Potaaschblech' sagte man damals.

Wenn es blitzen sollte, hat er Kolophonium ins Kerzenlicht geblasen."

Weil jedoch auch das Handwerk wichtig blieb, denn
vom Hobby allein kann man nicht leben, kaufte Robert
Dick 1894 einen Acker in den Söflinger Weinbergen. Er
zahlte zwanzig Mark an und stotterte den Rest in Raten
ab. Als Richard dann sechs Jahre später das Blatt „Der
Wahre Jacob"[20] an Abonnenten verteilte, sagte die
Mutter plötzlich: „Ich hab' eine Lehrstelle."

Wirklich wahr? Er hätte viel lieber „etwas Mechani-
sches" gelernt. Aber weil der Fotograf Karl Herrlinger
(Promenade 2) einen Helfer suchte, musste man zugreifen.
So schleppte Dick junior Stative oder riesige Fotoplat-
ten, verdiente nichts und erst im dritten Jahr monatlich
fünf Mark, reinigte brav Objektive und rührte Chemi-
kalien an. Kaum hatte er ausgelernt, begann der Gehilfe
zu wandern: Waiblingen, Tübingen, Freiburg, Aalen,
Hamburg, Singen und Chur hießen die sieben Stationen.
Alle durch Bilder belegt und mit einem Blick nach vorn
garniert:

„Ein guter Kaufmann, als Selbständiger, war ich nie."

Wer hat diesen Part erledigt?

Kurzes Zaudern. Tja … Schließlich das verschmitzte
Bekenntnis: „Leider ich." Zuvor jedoch schulterte er
den Rucksack samt Rollfilmkamera und zog im Sommer
1911 über Berninapass, Stilfserjoch, Innsbruck und
Salzburg nach München zur Bayerischen Staatslehranstalt
für Fotografie. Der Brustbeutel aber enthielt die in Chur
erarbeiteten Goldfranken.

„Furchtbar war's", schüttelt sich Richard Dick und
stapft nochmals vom Etsch- zum Eisacktal. „Hinter Meran
hatte ich Feigen gegessen und dann kaltes Wasser aus

20 Sozialdemokratische Streitschrift. Sie wurde 1879 gegründet und erschien,
mit Unterbrechungen, bis zum Verbot durch die Nazis 1933.

72

einem Bergbach … Was glauben Sie, wie es mich da … In jeder Apotheke hab' ich um Opium auf Zucker gebettelt!" Doch erst in Innsbruck half jemand, und der dürre Dick war kuriert. Er fuhr mit dem Zug nach München, wohnte dort im Schwabinger Milieu, stand wegen Nacktbadens vor Gericht und zog zwölf Monate später ins friesische Oldenburg: als königlich-bayerisch ausgebildeter Fotograf. So dass die nächste Stelle bei einer renommierten Frau namens Anna Feilner durchaus passend schien?

„Überhaupt nicht. Dort kam nämlich mittags der Erbprinz Nikolaus ins Atelier, ein Konfirmand. ‚Machen Sie einen Diener', wurde ich ermahnt. Aber das sag' ich Ihnen: Mein sozialdemokratisches Kreuz war kein bisschen flexibel!" Eher schon, als Dick 1913 in Kiel das Mädchen Emilie kennen lernte und heiratete. Man übernahm in Ulm Karl Herrlingers Firma, spezialisierte sich auf Porträts, Innenaufnahmen und …

„… dann ging's los", meldet Richard Dick das zweite Kriegsjahr des Deutschen Reichs. „Bei der erneuten Musterung war ich obstruktiv." Der aufrechte Zivilist führte ein Fieber herbei, lutschte zahllose Bonbons (weshalb er zuckerkrank geschrieben wurde), kam schließlich doch zur Reserve und zielte beim Scharfschuss ins Abseits.

Resultat: Kaiser Wilhelms pfiffigster Grenadier sah nie die Ost- oder Westfront und sagt: „Aber nicht aus Angst. Wir alle waren ja Pazifisten – in unserer Familie." Dennoch wurde Richards Bruder Robert schon 1915 am Hartmannsweiler Kopf im Elsass getötet, was seinen Vater tief traf. Ihm war der Waffen segnende Klerus seit jeher ein Greuel, weshalb er noch auf dem Sterbebett bat: „Haltet mir bloß die Pfarrer vom Leib. Die predigen doch mit blutige Händ'."

Als Robert Dick senior 1928 unter der Erde war,

schrieb ein Ulmer Chronist: „Sein freundliches und biede-
res Wesen[21] hat ihm auch bei politischen Gegnern Sympathie geschaffen." Im selben Jahr musste Richard sein
Geschäft schließen, zog in die Zinglerstraße, war „Hof-
fotograf" der Künstlergilde und nahm aufmerksam wahr,
wohin Deutschland trieb. „Ihr habt ja nur Lumpen bei
euch", fasste er nach 1933 einem Ulmer Nazi ans Revers.
„Da wär' ich wohl reif fürs KZ gewesen."

1935 starb die Lebensgefährtin. Dick heiratete nochmals und sah zwei in der Kommunistischen Partei aktive
Brüder ihre berufliche Existenz verlieren: Adolf wie
Ernst waren von heute auf morgen arbeitslos. „Auch mein
ältester Bruder Ferdinand", sagt Richard Dick, „wurde
in ‚Schutzhaft' genommen. Bis er wochenlang in den
Hungerstreik trat. Ob ich gewusst hab', was ein Konzentrationslager ist? Wozu hat man denn BBC London
gehört …"

Als er, seine Frau und Sohn Peter am 22. Februar
1945 ausgebombt waren, wollte ihn der Volkssturm zu
Hitlers Endsieg holen. Jetzt reicht es, trat da Berta Dick
auf den Plan. So bestimmt wie einen Tag früher, als sie
Luftschutz- und Feuerwehrleute hatte abblitzen lassen.
Die waren tatenlos vor dem brennenden Haus gestanden:
Kein Sprit, nichts geht mehr. Aha, antwortete Berta.
Dann macht ihr noch Krieg?

Mut habe sie gezeigt, nickt ihr Mann, „mehr als ich".
Immerhin hat er „beim Waffenunterricht auf der Wilhelmsburg einfach weggeguckt. Wie 1916: Obstruktion."
Auch beim Marschieren hinkte er demonstrativ. Gleich-
schritt war ihm stets gegen den Strich gegangen.

Tempi passati! Berta lebt nicht mehr, Richard schlägt
sich solo durch. „Bin zufrieden", sagt er. „Begabung wie

21 „Bieder" ist, nach dem damaligen Sprachgebrauch, als solide und
verlässlich zu interpretieren..

Kenntnisse hab' ich anwenden dürfen. Schlecht ging's mir nur nach dem Zweiten Weltkrieg, als ich Vertreter für eine Söflinger Ölfirma war und per Rad von Dorf zu Dorf fuhr. Die Demütigung vergess' ich nie, als mich ein Hausbewohner gesehen hat. Da lag der Selbstmord ganz nah. Doch dann? Abwarten, hab' ich gedacht, ob nix Schlimmeres kommt."

Es wurde besser. Nicht zuletzt so gut, dass Richard Dick bis heute ohne Stock herumläuft und vor einem Jahr sogar allein nach Blaubeuren spaziert ist. Mancher Mensch, schmunzelt der Fotograf, fühlt sich bereits als Achtziger alt? „O je. Da hätt' ich schon oft aufgeben müssen." Wie Malermeister Eugen Geiger (Giges), mit dem Dick fünfzig Jahre lang unterwegs war. Dieser letzte vertraute Partner ist tot. Auch andere Altersgenossen sind rar geworden.

„Wenn's mir recht ist", murmelt Dick und will damit sagen: falls er sich richtig erinnere. Denn das Denken kostet nun doch ein paar Minuten mehr im Vergleich zu früher und wird gelegentlich von einem Lacher beglei- tet. „Isch ja verloga!", kommentiert Richard Dick – aber wer den Mann kennt, nimmt ihm gerade diesen Spruch nicht ab.

Postskriptum? Sehr gern. „Beim Paradekonzert am Ulmer Hauptwachplatz wurde immer ein Trottoir für den Festungsgouverneur reserviert. Doch mein Bruder hat sich nicht vertreiben lassen. ‚Als Bürger hab' ich genauso viel Recht', sagte Adolf. ‚Weg mit dem Kerl', forderten die Passanten den am Pavillon stehenden Schutzmann auf. Antwort: ‚Zwecklos. Das ist einer von der Dick-Familie'."

„Des Gschrei isch mei Temperament"
Pauline Köhl

Im Mai 1902 hocken ein paar Ulmer am Seelengraben und freuen sich: Die Störche sind da! Genau dort, wo Georg Preising Lebensmittel verkauft, setzt Adebar sein Nest aufs Dach: „Zu wem er wohl kommt?" Nach dieser Frage schaut der gelernte Zimmermann Alfred Binzinger seine Frau Wilhelmine an. Sie glüht wie wilder Wein Ende September …

Was vorerst nur vermutet worden war, man hat es erlebt – die Störche flogen für immer fort. Pauline Binzinger aber wurde geboren und blieb. Umgeben von Büchern, Bildern und blankem Zinn quert sie höchst lebendig ihre „Ulmer Stube" im Hafnerhaus Fischergasse 32: keine Zeit, keine Zeit. Ob wir uns morgen nochmals treffen? Damit heute Nachmittag Doktor Erwin Treus Führung durch das Museum nicht versäumt wird?

Lieber nicht.

Auf dem Tisch liegt eine Postkarte. Mit „Conr. Stichaner, Hofphot. Atelier, Ulm a. D." bedruckt, illustriert das vergilbte Stück ein Kapitel städtischer Alltagsgeschichte. Wir entdecken von links nach rechts Buben, zwei Pferde vor dem fahrbaren Holztank, vier gestiefelte Arbeiter mit Mützen, etliche Zuschauer sowie eine mobile Dampfmaschine. Macht, alles in allem, die „Pfuhler Artillerie" samt deren Oberkommandeur Alfred Binzinger.

Bajuwarische Heimwehr auf württembergischem Terrain? Nichts weniger als das. Vielmehr: Als der Ulmer

Gärtnerverein vor 1900 einen neuen Geschäftsführer suchte, wurde Binzinger für dieses Amt gewonnen. Und weil es statt frischer Flora mit schlechtem Geruch zu tun hatte (die Gärtner ließen zwei „Cloaken-Reinigungs-Maschinen" rollen) war Alfred Binzinger eine wichtige Stellung sicher.

Wochentags also rumpelten die Bauern samt ihren Güllewagen von Pfuhl, Offenhausen oder Burlafingen nach Ulm hinein. Pauline Köhl: „Mein Vater hat dann morgens an der Donaubrücke auf ein Täfele geschrieben, wo gschafft wird …" Soll nun aber niemand denken, die Tochter hätte nicht auch zu tun gehabt. Sie schleppte Monat für Monat das dicke Abrechnungsbuch besagter Leeramtstätigkeit zu Andreas Neubronner vom Ulmer Gärtnerverein und wurde mit einem „Fünferle" entlohnt.

Jungfer Pauline wollte freilich mehr als das und etwas ganz anderes. Denn am Graben wuchs fast jeder ihrer Freunde mit mehreren Geschwistern auf, sie jedoch war allein. Sagt die Mutter eines Tages: „Du kriegst bald auch eins." Wie zappelte da Pauline Binzinger, als 1908 der Bruder geboren und sie („bei uns war mr fei sparsam") zu Georg Preising geschickt wurde, um sich einen Block Schokolade zu kaufen. Kaum zurück und selig Süßes lutschend, war ihr Zwerg schon wieder weg. Tot, betrauert, abgeholt.

Sterben … was war nun das? Erst auf dem Friedhof verstand sie es.

Schule, Konfirmation, Nähunterricht bei Fräulein Anna List – dazwischen lag der Auftakt zu einem langen Krieg am 1. August 1914. Dies hieß vorzeitiger Schluss des Unterrichts, Ulmer Klassenzimmer als Quartier für Soldaten, viel Feldgrau und täglich ein Ruf wie Donnerhall: „Fest steht und treu / die Wacht am Rhein". Geschwenkte Hüte, Blumen und Hurra, als Pauline sich hinter ihrem

Vater durch die Bahnhofstraße zum Königlichen Bezirks-
kommando schiebt. Plötzlich Zweifel angesichts schluch-
zender Frauen. „Da", sagt Pauline Köhl jetzt, „war's mir
klar. Diese Männer mussten ja fort zum Kampf. Da hab'
auch ich geheult wie ein Schlosshund."

Erst, erinnert sie, habe man „allweil gsiegt" und sei
zum Dankgottesdienst ins Münster gelaufen. Doch nach
wiederholtem Triumphläuten hätten andere Glocken den
Klang übertönt. So wurde der Feuerwehrmann Alfred
Binzinger („hoppla, wo brennt's?") nachts aus seinem Bett
geklingelt, um Verwundete vom Bahnhof aus in ein rasch
hergerichtetes Lazarett zu transportieren. Auf der Gäns-
wiese aber brachte man Gefangene unter. Baracken
wurden gezimmert, mancher zaristische Soldat schnitzte
Spielzeug und tauschte es gegen Brot.

„Da hängt's noch, das Russenvögele!" Pauline Köhl
deutet zum Plafond[22], wo sich bis heute ein gefächertes
Flugtier dreht. Mit ihm kreisen Monate und Jahre:
schnell, immer schneller. Sie lassen zwei Freundinnen –
Binzingers Päule und Schneiders Berte – zur Rosengasse
laufen und in der Wirtschaft *Husaren* für Bertes Großvater Bier holen. „Graabalaosa", knurrt ihnen dort
das schon damals denkmalreife Original Johann Jakob
Weber (Krättaweber) entgegen. Wobei mit „Laos"
kein Ungeziefer gemeint ist. Sondern eine Sau, die am
Seelengraben wohnt.

Bleiben wir kurz bei Johann Jakob und fügen der
anekdotischen Weberei etwas hinzu. Vor dem Ulmer
Rathaus soll er einst aufgetaucht sein, statt des „Krätta"[23]

79

22 Auch im Schwabenland verwendete man früher – und manchmal heute
noch – gern aus der napoleonischen Zeit stammende Wörter, zum Beispiel
das nasal intonierte „Schässlo" (Chaiselongue) an Stelle von Sofa. 23 Im Henkelkorb waren oft unter Kraut oder Kohlrabi seltene Antiquitäten versteckt,
die Weber verkaufte. Siehe Anmerkung 12 (Seite 62).

einen irdenen Krug schwenkend: Milch her, ihr Honoratioren! Aber warum denn? Weil es „bei eich do ooba"
die größten Rindviecher gebe.

„In der Gaststätte *Griesbad* war er bekannt", weiß
Pauline Köhl, „wo bessere Herren verkehrt haben." Bleibt
offen, ob die ihn mit diversen Viertele traktiert und dann
zum Magistrat geschickt hatten. Sein Angriff jedenfalls,
sagt unsere Partnerin, sei mit ein paar Tagen „Kriminal"
im Oberamtsgefängnis (dem früheres Seelhaus [24] beim
Zundeltor, Griesbadgasse 17) nicht folgenlos gewesen.

Was stand nun für Alfred Binzigers Tochter nach
der Näh- und Kochschule auf dem Programm? 1917 ging
Pauline „naus in d' Fremde, nei nach Seeflenga": ein
Söflinger Haushalt war ihr Ziel. Doch bald sollte „ebbes
Gscheits" her. Also wechselte sie, gerade 16-jährig,
zur Ulmer Hahnengasse 28 ins Wasch- und Bügelgeschäft
der Schwestern Sturm. Friederike/Rosine hieß jenes
Paar. Es betrieb eine durch Gas erhitzte Mangel und
widmete sich steifen Kragen oder nicht weniger steifen
Hemdbrüsten, Wechselmanschetten sowie zahllosen
Leibchen.

Pauline Binzinger lernte bügeln und machte sich
1922 selbständig. Tag für Tag stand sie in den meist vor-
nehmen Wohnungen ihrer Klientel, lernte die „Herr-
schaftshäuser" aus der unteren Sicht kennen und plättete
von morgens acht bis abends sieben Uhr. Tagesverdienst:
vier Mark. Wofür sie damals elf Brotlaibe hätte kaufen
können.

Der Kunst- und Papierladen Heim im Hafenbad, die
Mohrenapotheke am Münsterplatz 35, Karl Schäfers
Lederfabrik oder Frau Elfriede Wunderlich am Grünen

---

24 Im 16. Jahrhundert erbaut, 1945 durch Bomben zerstört. Erst Obdach für
ansteckende Erkrankte, dann „Zucht- und Arbeitshaus", seit 1807 Gefängnis.
Als solches auch „Eisenhaus" genannt.

Hof – Adressen gab es genug, und viele Termine wurden Monat um Monat in Paulines Kalender eingetragen. Sie arbeitete beim jüdischen Rechtsanwalt Benno Gump in der Donaustraße, bediente auch dessen Kollegen Salomon Moos oder war für eine Wäschefirma namens Sofie Klein in der Hirschstraße tätig.

Alles lief bestens, bis die Geldentwertung zuschlug und Vater Binzinger, im ehemaligen Hotel *Baumstark* (Glöcklerstraße 7), den jeweils aktuellen Tarif für Büglerinnen erfragen musste: „Er hat ihn dann auf einem Zettel vermerkt und mir diese Notiz durchs Fenster des Arbeitsraums gereicht. Millionen, Milliarden …"

Pauline Köhl holt Atem. Ist das Gestern nicht mit der Hand zu greifen? Im Eck ihrer „Ulmer Stube" steht ein dunkler Barockschrank; verschiedene Stahl- oder Kupferstiche und ein ebenso behäbig wie zierlich wirkender Kachelofen bieten den Anlass für neue Gedanken: „Halt! Jetzt hätt' ich doch fast was vergessen."

Vor dem Ersten Weltkrieg bummelt Alfred Binzinger mit seinem Kind an der Dreifaltigkeitskirche vorbei zum Petrusbrunnen. „Geh dreimal rum", meint er, „und frag' ihn: ‚Was machsch mit-am Schlüssel, Sankt Peter?' Dann sagt er – nix." Natürlich läuft sie los, spricht und lauscht. Was antwortet der Heilige? Nichts.

„… und dann ben-e in a alte Ulmer Handwerkerfamilie neikomma." Wir schreiben das Jahr 1930, als Pauline Binzinger und der Hafnermeister Gottfried Köhl sich trauen lassen. Seine Witwe legt uns vor, was keinen Staub angesetzt hat: 1650 lebt Matheus Köhl in Langenzehn bei Ansbach, eine Generation später heiratet dessen Sohn Johann Georg nach Ulm und begründet dort 1709 eine lange Reihe donaustädtischer Hafner, Ofensetzer oder – wie sie heute genannt werden – Heizungsbaumeister. Ihr bisher letzter Spross ist Pauline Köhls jüngster Sohn

(„mir hend da Hermann nach dem Ozeanflieger[25] tauft")
in der Fischergasse 32.

Dorthin zog Pauline nach ihrer Hochzeit. Sie sagt:
„Vater und Schwiegervater sind befreundet gewesen,
unser Kontakt war kein Zufall" und lenkt den Blick
zum Fischerviertel. Am Haus des „Schelle" genannten
Armenpflegers Wilhelm Molfenter, Schweinemarkt 5,
konnte man damals noch die originale Version eines
Bekenntnisses lesen: „Auch auf dem Markt der Säue /
wohnt echte deutsche Treue …" Er selbst soll es gewesen
sein, der so das Herz jedes Patrioten höher schlagen
ließ.

Molfenter jedoch war seinem späteren „Eisenkanz-
ler" nach dessen preußisch-österreichischem Konflikt
1866 nicht grün. Was zur Folge hatte, dass er Otto von
Bismarcks Porträt vor der Hausfront am Seil zur Schau
stellte. Alsbald nahmen aus dem Krieg gegen Frankreich
heimkehrende Soldaten ein Sakrileg wahr: „ … und hier
an diesem Strick / hängt Deutschlands größtes Glück".
Die Polizei soll sofort gehandelt haben, Wilhelm Molfenter
aber ließ nicht nach. Denn bald versicherte ein Zweizeiler:
„Auch auf dem Markt der Säue / wohnt …" et cetera.

Bleibt zu ergänzen, dass der Spruch am nahen Haus
des Maler Albert Erne sogar in Latein verewigt war
und desto nobler klang: „Etiam in foro porcorum / stat
fides firma Germanorum". Nicht gesichert ist, ob solche
Weisheit die bis um 1960 wöchentlich aufkreuzenden
Sauhändler, Landwirte und Ferkel im Geringsten be-
eindruckt oder gar, nach Molfenters Vorbild, zu treuer
deutscher Haltung angespornt hat.

Schreiner, Bäcker wie Georg Ockerländer oder

---

25 Der Pilot Hermann Köhl aus Neu-Ulm überquerte 1928, in einer Junkers
W 33, erstmals den Atlantik in Ost-West-Richtung (zusammen mit Günther
von Hünefeld und dem irischen Major James Fitzmaurice).

Christian Maier und Spezereiläden[26] gab es einst im heute
stark touristisierten Fischerquartier. Gasthäuser fehlten
nicht, unter ihnen der *Donaustrand* (bis 1926 die länd-
lich wirkende *Kuh*) am Schweinemarkt 15. Gottfried Köhl
schließlich bot außer gemauerten Öfen und eisernen
Herden auch Geschirr, Vasen, Blumen- und Milchtöpfe an.
Was kosteten übrigens zehn Wasserwecken? Dreißig
Pfennig. Nummer elf wurde verschenkt.

Als das Hafnerhaus am 25. Februar 1945 von Bomben
getroffen und schwer beschädigt wurde, ging auch
die Ware komplett zu Bruch. Diese und hundert andere
„Gschichtla" hat Pauline Köhl zum zwanzigsten Hoch-
zeitstag 1950 mit gestochener Schrift festgehalten. Was
allerdings nicht vermuten lässt, dass die lebhafte Frau
(„des Gschrei isch mei Temperament") sich zur Ruhe setzt.
Sie bleibt in Trab und findet am Schluss ihrer Ulmer Spa-
ziergänge nahezu immer ins geliebte Museum. Weiter
fort drängt es die seit fünf Jahren verwitwete Großmutter nicht.

Deshalb hat sie auch zu ihren Kindern gesagt: Lasst
mich bitte nie weit von Ulm wegfahren, damit ich schnell
zurückgeholt werden kann. Mit pfiffiger Miene wird
bekräftigt: „So isch's. So ble b-e au."

26 Spezereien = Gewürze.

„Die Donau war unser Ein und Alles"
Otto Blind

Kennt dieser lachende Mensch keinen Ernst? Sein Name jedenfalls hat nicht auf ihn abgefärbt. Denn Otto Blind, vor zweiundsiebzig Jahren unweit des Münsters zur Welt gekommen, schaut uns wach an. Manchmal pendelt er zwischen Heiterkeit und Ironie – etwa dann, wenn der Kaufmann ins Gestern taucht.

Lange Straße 7, Juli 1911. Über dem Laden von Georg Hermann Schröder (Luxusartikel, Lampen, Schmuck) ist Gebrüll zu hören. So stellt sich Gustav Blinds Jüngster vor, den man „Ballone" nennen wird. Laut meldet er sich zu Wort und setzt jene Form der Kommunikation auch später ein. Doch nur bei Bedarf.

„Als ich geboren wurde", sagt Blind, „soll es furchtbar heiß gewesen sein. Außerdem hat's ein Erdbeben gegeben." Trockener Zusatz: „Aber das war nicht für den ersten Auftritt verantwortlich. Eher die Eltern."

Schröders Nachfolger Gustav Blind, mit Elise Schneider verheiratet, imponiert seinen Buben Fritz und Otto. Blau leuchtet die Uniform des Königs-Grenadiers samt der stets zu polierenden Knöpfe, kaum weniger interessant wirkt sein „Gardeschnitt". Als Otto den Vater (Jahrgang 1880, er starb 1967) in der Ulmer Karlskaserne besuchen darf, wird schon gegen Belgien und Frankreich marschiert.

August 1914: Kaiser Wilhelm II. kennt keine Parteien mehr, bloß noch Deutsche. Hurra! „Überall Jubel und ich mittendrin", erzählt Blind.

Was anfangs funkelte, erhielt bald einen tarngrauen Anstrich. Am Hauptwachplatz zeichneten die Bürger Kriegsanleihe oder schlugen Nägel in ein großes Eisernes Kreuz. Gold wurde, wie es hieß, auf dem Altar des Vaterlands geopfert. Da legte Otto doch glatt seinen entzündeten Blind-Darm dazu. Zugleich vom Keuchhusten malträtiert, soff das durstige Kind 1917 im Krankenhaus den Waschkrug leer. „Nacht für Nacht! Wenn's unser alter Sanitätsrat Karl Palm erfahren hätte", schmunzelt Blind, „wär' er bestimmt auf die Palme geklettert."

Sand in den Seifen, Holzmehl im Brot: daran denkt das „liebe Büble" (es war gewiss nicht brav) ungern. Nach der Kapitulation Ende 1918 marschierten Ulmer Frontsoldaten am Rathaus vorbei. Otto Blind stand auf dem Balkon des Zinngießers Friedrich Schwenk und erinnert sich, dass „sie das Holzpflaster mit schwerem Geschütz zerstört haben. So eine Unterlage gab's nur vor Oberbürgermeister Wagners Domizil. Damit man dort besser hat arbeiten … und schlafen können."

Letzteres galt für den kleinen Otto nicht mehr ohne Limit. Nun kamen Volksschule, Realgymnasium und Höhere Handelsschule ins Spiel. Dennoch: „Die Donau war unser Ein und Alles." Am Ufer wurde jeder Kiesel gewendet, um „Groppa"[27] zu fangen. Sie versprachen im dicht bebauten Fischerviertel der Altstadt fettere Beute. Warum? Wegen menschlicher Düngung.

„Nach dem ersten Krieg", erzählt Otto Blind, „ist zu uns werktags eine Milchfrau vom Weinhof gekommen. Mit Handwägele, Bottich und Schöpfer." Was wichtig war, wurde durch den städtischen Ausscheller avisiert („Bekanntmachung!"). Die mit Pferden betriebene Müllabfuhr hatte Vorfahrt, wobei ein Glöckchen für freie Bahn sorgte. Post schließlich kam wochentags drei- und am Sonntag einmal ins Haus. Während jener Jahre, als der legendäre *Drei Kannen*-Wirt Karl Eiselen[28] einem kritischen Gast entgegnet haben soll: „Zom an d' Wand schiffa langt mei Bier."

Höflich war man damals nicht? Das mag sein. Es ging wohl farbiger zu als in der vergleichsweise blassen Gegenwart.

„Im Realgymnasium", kramt Blind neue Details hervor, „haben wir herrliche Typen gehabt. Für die rauchenden Präzeptoren[29] Streng und Witte wurden Kastanienblätter gesammelt. Wir hingen sie cann zum Trocknen auf. Also 's Laub, gell." Schon wandeln vier weitere Lehrer von einst durch das Institut am Charlottenplatz: Rektor Emil Schott, der exzellent zeichnende Professor Weisser (Babba), Studienrat Josef Blank (Stumpensepp) und nicht zuletzt Karl Weiger (Korre), der Otto Blind fragte: „Wa willsch denn du schiifahra? Kaasch ja kaum alloi bronza!"

Zäsur kurz zuvor: „Die ‚Reffoluzion' kam. Man trieb den Chef des Oberamts durch Ulm und versuchte das Rathaus zu stürmen. Ein paar Maschinengewehre waren direkt unter unserem Haus in der Langen Straße aufgebaut." So schildert Otto Blind den 22. Juni 1920. Damals hatten Hungernde wegen der Lebensmittelnot demonstriert und ihre Wut gegen Oberbürgermeister Schwamberger gerichtet. Polizei, Bürgerwehr und Militär griffen ein, sechs Tote lagen am Marktplatz. Tausende von Ulmern begleiteten sie später zum Friedhof.

Was im ersten Jahrzehnt nach dem Krieg geschah, davon spricht Blind ohne Larmoyanz. Der elfjährige Bub musste wöchentlich mehrmals „das Mitleid einiger

27 Hochdeutsch „Groppen" = kleine Bodenfische. 28 Er verfügte, dass nach seinem Tod das Fuhrwerk mit dem Sarg an drei Stellen halten solle: vorm eigenen Gasthaus, der Brauerei und zuletzt am Ulmer Finanzamt. 29 Noch bis zum beginnenden letzten Jahrhundert: Lehrkräfte, meist an höheren Schulen. Von lat. „praeceptum" = Vorschrift/Lehre.

Bauern erregen und betteln". Magermilch links, Rettiche rechts – so lief er von Holzschwang oder Gerlenhofen aus heimwärts. Kein Bummelzug nahm ihn mit, weshalb ein Marsch fällig wurde. Mindestens acht Kilometer …

„Am Hauptbahnhof", leckt Otto Blind seine Lippen, „haben wir Buben viel Zeit verbracht und jede Dampflok bewundert." Hinter der Sperre warteten Hotelboys, die *„Junger Hasen! Russischer Hof! Blanken! Hoschbiz!"* riefen. Dort saß auch ein Schuhputzer namens Clemenz. Er redete mit dem Kollegen Gepäckträger, wenn es wenig zu tun gab, und versuchte diverse Saukerle zu ignorieren.

Aber Otto war doch stets harmlos? Wer weiß. Besagter Strick fuhr oft „in den Balkan" (mit Christine Holzschuhs Fähre von Ulm nach Neu-Ulm, was jeweils fünf Pfennig kostete) und lag dann am Ufer beim „Held"[30] des Matthäus Scheiffele. „Das Wasser im Fluss", grinst er, „war noch ganz sauber. Obwohl es zwei Militärbäder gegeben hat. Ein württembergisches und ein bayerisches."

Wir müssen nun, damit uns nichts fehlt, vom Sommer zum Winter wechseln. Rasch sei vermerkt, dass Gustav Blinds Sohn Ende der zwanziger Jahre Kaufmann lernte, hinterher die Firma des Vaters übernahm, dem Ulmer Alpenverein beitrat und von Uli Wieland das Skifahren lernte. Dieser sympathische Mann starb 1934 am Achttausender Nanga Parbat im Himalaya.

„Autos gab es noch keine im Walsertal", sagt Otto Blind, „Touren von Oberstdorf zur Ulmer Hütte und zurück waren die Regel. Bretter im Sportgeschäft kaufen? Zu teuer. Der Wagner hat sie gebogen." Nicht weniger ideal wie das Paar aus Eschenholz war dessen Anwendung:

30 Ulmer Fischer und Schiffmeister (die auch so genannte Zillen am „Schopperplatz" – heute Edwin-Scharff-Haus – bauten) hatten zum Teil auch mit dem Badebetrieb zu tun. Solche Familien hießen Hailbronner, Held, Käßbohrer, Molfenter, Scheiffele usw.

„Kein Mensch weit und breit. Glitzernder Schnee, wir steigen rhythmisch mit Fellen auf. Wenn ich jetzt den Rummel seh' wird's mir ganz anders…" Kopf und Herz aller örtlichen Alpenfreunde (AV-Sektion Ulm) war damals Dr. Karl Weiger von Ottos Realgymnasium.

„Wat wird denn da jejraben?", fragten ihn einmal, vor der Ulmer Hütte am Arlberg, Berliner Touristen. Antwort: „A Loch." Gäste wurden auch gern zur Fuchsexkursion mit Fütterung gelockt – solche Tiere gab es in 2300 Meter Höhe nicht – und von Weiger nach schweißtreibendem Anstieg im Harsch informiert: „Schad drum. Se send heit net do." Ernstlich böse war hinterher keiner. So etwas, versichert Otto Blind, sei undenkbar gewesen.

Dafür trat anderes ein. Die Nazis stiefelten forsch zur Macht. Gustav Blind spürte ihre Faust, als SA-Leute seine Fenster am 1. April 1933 mit „Judenknecht" beschmierten, „denn jüdische Kunden haben bei uns gekauft. Aber was soll's?" Blind senior wurde außerdem eingesperrt, weil er Deutschlands Endsieg in Frage gestellt und ein beim Friseur lauschender Spitzel ihn verpfiffen hatte. Exakt dieser Vorgang jedoch war längst bekannt, als Otto („Ballone" seit seinem Dienst im Fesselballon) 1946 aus den USA nach Ulm zurück kam.

„Ich hab' geheult. Unser Heim zertrümmert, rundum Schutt. Vom Dezember Vierundvierzig wussten wir zwar in der Gefangenschaft, doch das jetzt zu sehen war schrecklich." Zum Glück lebten die Eltern noch. Sie hausten im winzigen Provisorium, wo bald ein GI klingelte: Hello Sir, nice to meet you! Er hatte den Nazifeind Gustav aufgespürt und fand Ersatz am Galgenberg.

„Weniger turbulent wär' auch gut", fasst Otto Blind zweiundsiebzig Jahre zusammen. Zu denen gehört die Heirat mit Gertrud Ost aus Schwäbisch Hall, passen Ski- und Bergtouren bis hin zur Gegenwart, zählen lange Reisen des Rentners. Selbst Alaska hat er fliegend durchquert – Wildnis extrem … kleines Maschinchen … egal. „Ballone" wehrt ab, als habe es sich nur um einen Hüpfer gehandelt.

Sonst noch etwas, vielleicht höher hinauf? Aber ja. Der Vulkan Chacaltaya: „Bolivien, fünftausendvierhundertzwanzig Meter. Dem Himmel ganz nah. Wer das nicht erlebt hat, wird's nie begreifen."

„Fahr me naus, Carl, aufs Land"
Anna Künkele

Erst wollte sie kein Wort sagen. „Eine falsche Zahl", so
wurde argumentiert, „und schon haben mich die alten
Ulmer beim Wickel. Man kennt das. Ich will mich nicht
in die Nesseln setzen." Doch dann („wer's net festhält,
nimmt sei Erinnerung mit ins Grab") ließ Anna Künkele
sich überzeugen. Acht Jahrzehnte im Fischer- und Müh-
lenmilieu: wenn da der Kopf nicht voll ist?

Also Schluss mit aller Skepsis. Her muss ihr Inhalt, so
oder so. Aber wie das Erlebte ordnen? Zumal zahllose
Details, buntem Herbstlaub im Blauwasser ähnlich, immer
rascher der Mündung entgegentreiben? Kurbeln wir
einfach das Wehr hoch. Mit voller Kraft. Alsbald wird die
Sache interessant – mal sehen, was sich am Brett staut.

Schwörhausgasse 10: In der Veltensmühle wurde
Anna Ende Januar 1902 als viertes Kind des Müllers
und Mosters Konrad Dürr geboren. Er starb früh, worauf
Katharina Dürr (aus der Langenauer „Baurenmühle"
Junginger stammend) nach pflichtschuldigem Zögern
und entsprechender Trauerfrist noch einmal heiratete.
Insgesamt elf Kinder brachte sie zur Welt. Ihr zweiter
Mann, Valentin Pfister, war Vater der beiden jüngsten und
etablierte sich als nächster Veltensmüller.

„Aber", winkt Anna Künkele schon wieder ab, „des
braucht's doch net. Wer will's denn lesen?" Sie sitzt in
ihrer Wohnung am Weinhof, streift mit blitzendem Blick
den Besucher, lächelt dann an ein paar Dächern vorbei

zur „Ulmer Münz"[31] und ergänzt: „Die letzten fünfunddreißig Jahre Nachkriegszeit kommen mir ganz unwirklich
vor. Wie Schaum …"

Desto konkreter werden Umrisse, Farben oder
Geräusche einer Vergangenheit, deren Fixpunkte sieben
Wassermühlen gewesen sind. An der zweiarmigen Blau
lagen sie, im Sektor Glöcklerstraße / Schwörhausgasse:
Georg Schmids Funkenmühle (Krapfengasse), Leonhard
Honolds Burkhardtsmühle (Weinhofberg), Anselm Maiers
Lochmühle (Gerbergasse), Heinrich Mayers Isakenmühle
(Fischergasse), Konrad Dürrs Veltensmühle, die Schleif-
mühle des Stadtrats Karl Kimmelmann (Schwörhausgasse
4) sowie der noch heute erhaltene, genutzte und als
Schapfenmühle[32] bekannte Bau von Carl Künkele in der
Schwörhausgasse 1.

Nach und nach, so wie Getreide zum Mahlwerk
rieselt, lässt Anna Künkele frühe Erinnerungen in Richtung
Gegenwart sickern: Ein alter Herr (der Ulmer Ehren-
bürger Graf Zeppelin) schenkt kleinen Kindern Bonbons.
Männer mit hohen Stiefeln stapfen durch die periodisch
trockengelegte Blau und schaufeln Dreck auf Fuhrwerke.
Während warmer Sommer paddeln Buben im hölzernen
Kübel herum, kalte Wintertage sind vom Surren ihrer
Schlittschuhe erfüllt.

Das so genannte Ländle mit Birnbaum, Zwiebelbeet,
Rettichen und Salat deckt eine Insel zwischen der Veltens-
und Isakenmühle. Friedrich Hays Ehefrau vom „Schiefen
Haus" – heute Hotel – macht Würste aus Weißfisch, Ei
und Mehl zu Geld. „Ein bissle fad", sagt Anna Künkele,

---

31 1620/21 erbaut. Dort wurde einst das Geld der Freien Reichsstadt ge-
prägt, etwa die eckigen „Ulmer Gulden" von 1704. 32 Wohl von „schöpfen"
abgeleitet. Die im 17. Jahrhundert erstmals unter diesem Namen erwähnte
Mühle brannte an Pfingsten 1983 ab und wurde nach Ulm-Jungingen
verlagert.

„haben sie schon geschmeckt." Anderes hatte mehr Substanz: die Mühlenschweine. „Bei uns", wird zögernd verraten, „hielt man zwei Säu'. Eine angemeldet und eine illegal." Letztere wurde irgendwann heimlich geschlachtet und verspeist.

„Passiert mir jetzt wirklich nix … oder doch?" Aber nein, längst nicht mehr.

Unterhalb des *Oberberghofs* hatte Valentin Pfister ein Feld gepachtet. Für seine Lohnschnitter mussten während der Ernte Mittag für Mittag das Brot und der Most zum Eselsberg geschafft werden: „Mein Stiefvater ist immer schnell raufgeradelt, wir Kinder zu Fuß hinterher. Daran hab' ich denken müssen, wenn man später von ‚Kaffee und Kuchen mit Stadtblick'[33] geschwärmt hat."

Was sah oder hörte die Tochter des Müllers, wenn sie im Bereich Weinhof / Blau / Donau von einer gepflasterten Gasse zur anderen lief? „Also, zerscht amol – i war a Albgwächs", sagt Frau Anna. Oft habe sie ihren Mann, den Schapfenmüller Künkele, gebeten: „Fahr' me naus, Carl, führ' me aufs Land. Damit-e wieder an Kuhstall schmeck'." Der Grund für solche Wünsche wird klar, wenn man weiß, dass zu Anna Dürrs Großeltern in Langenau ein enger Kontakt bestand. Weshalb sie „am liebsten Bäuerin geworden wär'". Ohne Illusionen.

„Lebt man im Geschäft? Das Gegenteil stimmt. Man wird gelebt." Anna Künkele schaut auf acht Jahrzehnte in zwei Betrieben zurück. Als Partnerin eines Müllers hieß es zupacken, was ihr nicht fremd war: „Das Schaffen hab' ich gebraucht." Ähnlich wie jener Schmied am Weinhof, der frühmorgens schon Sensen oder Sicheln dengelte „und dann hat kein Mensch mehr gefragt, wie spät es ist. Sechs Uhr? Exakt weiß ich's nimmer."

33 Das Gut Oberberghof war vor (unter dem Pächter Wilhelm Weinstock) und nach 1945 ein beliebtes Lokal mit großer Terrasse.

A propos Vergangenheit … Viele Kinder des Viertels vergnügten sich gern auf dem „Plätzle" hinter der Veltensmühle. Himmel-und-Höll, Ochs-am-Berg oder König-wieviel-Schritte-gibst-du-mir – ihre Spiele sind, zum Teil, nach wie vor populär. Nur die Mitwirkenden von einst fehlen jetzt: Schuhmacher Leuzes oder Glaser Riethmüllers Sprösslinge vom Lautenberg, Anna Molfenter aus der Kronengasse und wer nicht noch alles.

Fast täglich ging es zur Bastion Wilhelmshöhe über dem Saumarkt, wo eine Grotte der Treffpunkt war. Bei heißer Witterung zirkulierten dort Flaschen. Ob etwa gar …? Überhaupt nicht. „In Wasser gelöster Bärendreck, solche Kugeln halt, das haben wir literweis' getrunken." Am Sonntag spazierten die Ulmer Familien donauabwärts zum Steinhäule [34] oder zu Adolf Honolds Gaststätte *Paradies* im Ruhetal, wo Grüner Käs' und Sprudel sowie eine Volière mit buntem Federvieh lockten.

Rosa Zeiten also? Was den Saumarkt betrifft, durchaus. Dort fand jeweils am Wochenende eine veritable Schweinerei statt: Gegen fünf Uhr kreuzten die Sauhändler mit ihrer Ware auf, legten in der *Forelle* einen Frühschoppen ein und stemmten Maßkrüge. „Außer dem kalten Vesper", weiß Anna Künkele, „kam nichts auf den Tisch. Erst als auch Wein ausgeschenkt wurde, hat man warm essen können."

Erinnere dich daran, Feinschmecker, wenn du nun an gleicher Stelle deinen Fisch mit Riesling hinunterspülst!

„Viele Arme gab's damals in Ulm", wird weiter erzählt. Sie hausten Bei den alten Röhren [35] und Unter der Metzig. Solche Leute des städtischen Proletariats klapperten

---

34 Traditioneller Bürgerpark am bayerischen Ufer, unweit vom heutigen Kraftwerk „Böfinger Halde". An ihn erinnert nichts mehr. 35 Das kleine Quartier lag südlich vom Marktplatz. 1812 nach dem alten Ulmer Gesundbrunnen benannt, später abgebrochen.

kurz vor Weihnachten alle Mühlen ab, wo ihnen je eine Schaufel voll Mehl ins Säckchen geschüttet wurde. Auch Säuglinge profitierten vom Mühlenbetrieb: Bevor Torf- oder weiche Windeln verwendet wurden, legte man sie wie Jesus auf Spreu. Wer unter uns hat noch, nach diesem System, reinste Natur bewässert?

Anna Künkele denkt nach. Dann sagt sie: „Zusammen mit meinem Vater hab' ich manchmal am Rad der Veltens- mühle Blatt für Blatt ausgewechselt. Im Winter war das bei Eis und Schnee ekelhaft. Aus dem Kasten hat's dann modrig gedampft …" Wann immer eine Mühle nicht in Betrieb gewesen sei, habe man plötzlich die sonst durch den mahlenden Rhythmus verstummten Nachbarn gehört. Autolärm? „Ach Gott. Woher denn bloß?"

Vom Kindergarten (Mohrengasse 1) wechselte Anna 1908 zur Wagnerschule. Als die 1915 Lazarett wurde, hockte Katharina Dürrs Kind während des letzten seiner acht Unterrichtsjahre in der Wallschule am Blauring, wo nicht nur gelesen und gerechnet wurde. Mädchen strickten auch Socken, Ohren-, Leib- oder Kniewärmer für Soldaten. Anna lief sechsmal wöchentlich von der Mühle in die Weststadt, vorbei an jener Promenade, über deren Bewohner es hieß:

„Schau, schau, schau / Drei Villen an der Blau / Gebaut vom Ulmer Protzenpack / Aus Mehl (Mayser), Zement (Leube-Schall) und Schnupftabak (Wechßler) / Die vierte kommt gar bald daher / Da freut sich schon die Feuer- wehr (Magirus) / Die fünfte baut Herr Schrade (Apotheker) / Aus Watte und Pomade …" Ein Achtzeiler, der dem am Münsterplatz Torten und Verse zaubernden Konditor Gustav Adolf Tröglen zugeschrieben wird.

Nach solchem Zitat – Anna Künkele hat inzwischen von der Tanzstunde bei Xaver Geiger („nie ohne mütterli- che Begleitung!") mit Walzer oder One-Step erzählt –

fängt wieder das Blitzen in ihrem Blick an. Den Schapfenmüller Carl Künkele junior mag dieses Signal 1920 entflammt haben, worauf er erst an Verlobung dachte und schließlich von Heirat sprach. Am 27. Mai 1922 war die Sache perfekt: Im Laden der Veltensmühle wurde gefeiert, auf dem Saumarkt Française getanzt, „und jedem Kind um uns herum haben wir eine Brezel spendiert". Das Brautpaar fuhr via „Chaise" zum Münster … was denn noch?

Es wäre zu reden von Tier (allein in der Schapfenmühle hielt man zwölf Pferde) und Mensch. Vom jederzeit zupackenden männlichen Personal zum Beispiel, welches im Winter das Mehl mit Schlitten auf die Alb geschafft hat. Von Carl Künkele nicht zuletzt, der 1973 starb und „zwar streng war, doch wir haben uns gut verstanden".

Was bleibt ist nicht nur Memento, sind nicht allein Nachkriegsjahre „wie Schaum". Anna Künkele, die noch im liebenswert-altmodischen Laden der Schapfenmühle steht und dort Vollkorn- oder Musmehl en detail verkauft, den Schwager respektvoll „Herr Otto" nennt und das Milieu ihrer Familie schätzt, verharrt nicht in der Reminiszenz. Befragt, was ihr wichtig gewesen sei, antwortet sie: „Ich guck' nach vorn."

Den Jugendlichen deren zwangloses Hin und Her neiden? Als Bruddler im Abseits hocken und Trübsal blasen? Niemals, warum auch. „Ich glaub' aber, diese Generation hat relativ wenig vom freien Leben. Selbst wenn sie in Zukunft zum Mond fliegt oder den Mars als Urlaubsziel wählt." Eher, meint die alte Müllerin, könne man Angst vor einer zunehmend lieblosen Welt bekommen. „Aber egal. Es ändert nichts. Machen wir weiter."

„Da schau her, 's Milchsuppagsicht"
Ludwig Ade

Wenn im Zimmer das Telefon läutet, wiederholt sich
von Mal zu Mal ein für Ludwig Ade typischer Vorgang.
Der 82-jährige Mann springt schwungvoll vom Stuhl
auf, hebt den Hörer ab und sagt: „Bildhauerade?" Als
wolle er sich seiner künstlerischen Existenz versichern.

Wer den am 1. Januar 1900 in Neu-Ulm geborenen
Kreativen kennt, stutzt spätestens hier. Ludwig Ade
ein Bildhauer a. D.? Kaum. Noch heute jedenfalls gilt,
wenn auch vom Griff des Alters gelenkt, sein durch
rastloses Tun belegter Rückblick in eigener Sache: „Ich
hab' im Leben enorm viel gschafft. Beim Gedanken
an die Zahl aller Werke graust's mir …"

Ades erster schöpferischer Akt dürfte schon um 1904
Publizität garantiert haben. Ein malendes Wunder also?
Kaum. Aber nur keine Eile. Zunächst rutscht er, retro-
spektiv, am ersten Tag des neuen Säkulums in eine Ulm/
Neu-Ulmer Welt, die eben ihr altes Jahrhundert entsorgt
hat. „D' Leut'", weiß der Tierarzt Max Molfenter [36], als
ob es erst gestern gekracht hätte, „haben ein tolles
Juhe veranstaltet. Überall Böller und Raketen, grandios!"

Daran erinnert sich Ludwig Ade nicht. Doch seinen
Kinderwagen („ich könnt' ihn noch heute zeichnen") hat
er genau im Kopf. Wie auch besagtes Debüt vor achtundsiebzig Jahren, dessen indirektes Ergebnis schwer
wog. Denn Ade zündelte zusammen mit anderen Buben

36 Porträt ab Seite 14: „Auf oimol send zwoi Pfirsich reif".

und steckte jenen Militärbau in Brand, der neben dem Neu-Ulmer Schlachthaus eine Planung blockiert hatte.

Hurra, das Hindernis war zerstört! Als die später so genannte Gänstorbrücke 1912 eingeweiht wurde, soll ein ehemaliger Knirps angesichts des jubelnden Publikums gedacht haben: Eigentlich hätte ich ja den Verdienstorden kriegen müssen. Doch er durfte auch ohne Ehrung zufrieden sein. Kein bayerischer Büttel hatte

ihn erwischt.

„Hab's lang nicht mehr gesehen", sagt Ludwig Ade verwundert, „und erschreck' jetzt fast. Ich war damals Neun." Auf dem Tisch liegt das Bild einer alten Frau, höchst exakt mit Bleistift gezeichnet. Also doch ein Wunderkind? „Gar nicht", wehrt der Bildhauer ab. „Mein Talent hat sich als Geburtsfehler rausgestellt." Zum Selbstporträt von 1916 meint er bloß: „Da schau her, 's Milchsuppagsicht …"

Zehn Jahre vorher war die verwitwete Mutter mit ihrem Sohn nach Ulm gezogen. Ludwig geht dort zur Schule und besucht bei Lehrer Seyerlen, Holzbildhauer Max Rueß sowie in der Werkstatt des Buchbinders Michael Sailer einen „Handfertigkeitsunterricht". Für das Modellieren oder Schnitzen zahlt er Lehrgeld. Bis zum Ersten Weltkrieg kosten ein Ei drei und die halbe Maß Bier sechs Pfennig. „Dem Volk", sagt Ludwig Ade rückblickend, „ging's im Kaiserreich fast schon zu gut. So konnte nichts bleiben."

Waren bereits kurz nach 1900 ein paar Autos herumgekurvt („Marke ‚Simplex', dolles Ding"), lief es bald wesentlich schneller: Während zweier Flugtage am 11. und 12. September 1911 ratterten Aviatiker durch die Luft und kamen heil auf dem Exerzierplatz in der Friedrichsau an. Otto Lindpaintner, Stiefsohn des Malers Franz von Stuck, landete damals vor allen anderen

Pionieren. „Das war", redet sich Ludwig Ade in Eifer, „phänomenal!"

Doch wo bleibt die Kunst? Was ist mit den Musen und ihrem Donausohn? Erst möchte Ade im Büchsenstadel, nördlich des Münsters, einem offenbar unsanften Schulmeister namens August Moosmann entkommen. Indem er bekennt: „Zwang hab' ich nie ertragen. Schule und Kommiss waren höllisch."

Schon 1914 sucht der Bub eine Lehrstelle als Holz- bildhauer. Erst der dritte Meister, Friedrich Zimmermann, sagt zu. Arbeitszeit: Sechs bis achtzehn Uhr, nur der Sonntag ist frei. Wochenlohn: Zwanzig Pfennig. Ludwig Ade schnitzt Möbel, schafft „fast im Akkord", fungiert nebenher noch als Hausknecht beim Chef und dessen Familie. Abends arbeitet er an eigenen Stücken, schläft wenig, rennt wie beim Marathon.

„Trotzdem ist mir alles gut von der Hand gegangen", erinnert Ade solch frühe Fron. „Aber ich mein' damit nicht mich als den äußeren Menschen, sondern ein ‚Es' in mir. Das hat mein ‚Ich' bewegt. Bis heut' …"

1919 steigt Ludwig Ade im Malinstitut von Therese März (Bahnhofstraße) ein. Er nimmt dort Unterricht, um bald zur jüngst eröffneten „Ulmer Schule" des Malers und Bildhauers Schäfer zu wechseln. Hinterher gründet er mit Karl Schäfer, Ludwig Moos, Martin Scheible und Albert Unseld die Künstlergilde. Beim Riedlinger Steinskulpteur Knaus schließt Ade den schnellen Ritt ab, um vorher noch rasch den Weg für eine Kunsthandwerkergilde zu bahnen.

Fazit: „Was hab' ich alles verbrochen! Seltsam."

Uns zum Spaß sei ein Jahrzehnt Ulmer Schule (1919 bis 1929) im Spiegel verkürzter Typologisierung zusammengefasst. Ludwig Ade über den jüdischen Maler Moos, der 1936 nach Israel fliehen musste: „Glänzender

Porträtist und Karikaturist. Der hat wie Rembrandt hinter die Menschen geschaut. Er konnte Leute zeichnen, die schon drei Jahre lang tot waren. Genial." Über Karl Schäfer: „Sehr aktiv, beinahe sprudelnd. Konträr zu Ludwig Moos war er aber vordergründiger. Ein hervorragender Aktzeichner und Plastiker."

Zwei Hände fahren hin und her, Ludwig Ades innere Regung führt alle Finger. Er schichtet Bild auf Bild, bald

schwankt der kleine Tisch im Haus am Waldhornweg 14. Ade blättert in Alben, erzählt von seiner Hochzeit mit Marta Molfenter Ende der zwanziger Jahre, schildert Differenzen mit Karl Schäfer und lobt den 1933 durch die Nazis aus seinem Amt entfernten Oberbürgermeister Emil Schwamberger. „Er hat mich sehr gefördert. Ohne ihn hätt' ich Ulm verlassen. Aber Doktor Schwamberger sagte: ‚Ade, Sie gehen nicht.' Da bin ich geblieben."

Er arbeitete nun desto emsiger. Holz- und Steinplastik, Grafiken, Wandbilder, Plakate, Glasfenster und Mosaiken, Sgraffiti, Grabmäler, Brunnen, eine öffentliche Spieluhr für die Stadt Hameln, Lampen, Kunstgeschmiedetes, Wappen und Embleme für Rathäuser im Ulm/ Neu-Ulmer Umland, Möbel oder Keramik: Womit hat Ludwig Ade sich nicht befasst?

Auch manche Schnitzerei in der Ulmer Altstadt (Tür, Rahmen und Interieur der Lokale *Pflugmerzler, Allgäuer Hof, Bäumle, Forelle*) trägt seine Handschrift. Viele dieser mit Lust am Detail geschaffenen Werke sind im Krieg zerstört worden oder gingen als Opfer barbarischer Ignoranz verloren. Etwa ein Singendes Kind aus Terrakotta, durch Ernst Barlach beeinflusst und als „Entartete Kunst" abtransportiert. Seinen Käufer Dr. Julius Baum, seit 1925 Direktor des Ulmer Museums, jagten die Nazis fort.

Ludwig Ade präsentiert Zeichnungen. „Ich bin

Himmel und Hölle begegnet", sagt er, „mich erschüttert nichts mehr. Mein Kurs war konsequent. Während des Kriegs hab' ich das Gleichmaß gefunden." Wann immer möglich skizzierte der Soldat in Frankreich, Belgien, Holland und Dänemark, doch Not und Tod zeigen die Blätter nur selten. „Kamerad Koch in der Falle (Gefangenschaft)" steht als Motiv stellvertretend. Koch schläft tief …

Ade wacht auf. 1946 wird er nach Deutschland entlassen, Ulm wirkt „wie eine Mondlandschaft". Der Heimkehrer hat es verlernt, im Bett zu liegen. Er verbringt nun seine Nächte am Boden. Monatelang.

Bitter war der Neubeginn in einer fast fremden Umgebung. „Mich", stellt Ludwig Ade fest, „hat man nach Fünfundvierzig links liegen gelassen. Für die Stadt war ich tabu." Das große Vorbild des Witwers ist und bleibt Käthe Kollwitz, parallel zu ihrer Kraft hat er vor Jahren für das Albdorf Türkheim eine trauernde Frau gemeißelt. „Ich wollte die vom Krieg am schwersten Betroffenen darstellen", sagt Ade schlicht.

Glänzend, phantastisch, phänomenal – mit solchen Adjektiven würzt er gleichwohl sein Vokabular. Als „a feina Sach'" gilt ihm denn auch alles, was den Elan fördert statt hemmt. Trotzdem hebt Ludwig Ade nicht ab, und zwar im Sinn des japanischen Kollegen Katsushika Hokusai. Dieser Klassiker des 18./19. Jahrhunderts, erzählt er, sei auf dem Sterbebett auf die eigene Kunst angesprochen worden …

Was hat Hokusai geantwortet? „Hätte der Himmel mir weitere fünf Jahre geschenkt, wäre ich ein großer Maler geworden."

„I muaß an Betrieb ond a Arbeit hau"
Marie Schmid

Vom Schaffen, meint sie und schaut ihre nach wie vor kräftigen Hände an, werde man „net hee[37]". Die Bauerntochter muss es wissen: 1891 in Steinheim bei Neu-Ulm geboren, kam Marie Unseld schon als 15-jährige nach Ulm. „‚Kind'", berichtet sie, „hat damals mein Onkel Jakob gesagt, i woiß dir a Stell'. Er war Gastwirt im *Glöcklergraben*[38] an der Deutschhausgasse und hat den Metzger Nieß gut gekannt."

1906, als in Steinheim die Häuser noch mit Erdöl beleuchtet werden, fährt Marie per Bahn von Burlafingen aus in Richtung Donau und hat zwei Sätze der Eltern im Ohr: „Brauchsch fei net hoimkomma zom Jammra" sowie „Sei au freundlich, sag' Grüß Gott". Was tut das Mädchen? Es grüßt zwischen Neu-Ulm und dem Ziel jeden Fahrgast. Ihr Bruder lacht sie hinterher aus.

Marie Schmid sitzt am Tisch ihrer Wohnung in der Ulmer Platzgasse, deutet auf einen Teller voll Speckwecken und sagt mit tiefer Stimme: „Essat Se no. Sie send ja so jong." Selber gebacken? „Ha no! Dees kauft ma doch net."

Schon sind wir wieder nahezu acht Jahrzehnte zurückgerutscht. Marie („nach einer Begrenzung meiner Arbeitszeit hat niemand gefragt") schafft bei Wilhelm

37 Krank, kaputt. 38 Spitzname: „Zum blutigen Wammesärmel". Das Wams/ Wammes war, im Dreißigjährigen Krieg, eine unter dem Panzerhemd getragene Steppweste.

Nieß in der Deutschhausgasse 7, ist täglich von morgens sechs Uhr an fleißig und hilft nicht selten ihrer Meisterin bis gegen Mitternacht beim Bügeln. Dazwischen erledigt sie Hausarbeit, sind die Zimmer von „Pensionsherren" zu richten. Monatslohn während jener Zeit vor dem Ersten Weltkrieg: zehn Mark.

„Aber ich", erklärt Marie Schmid selbstbewusst, „hab' vom Geld nix verbraucht und alles gespart." Das Personal, fügt sie hinzu, habe damals beim Bäcker ein so genanntes Dreibrot bekommen. Es stellte keinen Drilling dar, sondern hatte mit dem „Dreingeben" zu tun. Dies und ein tägliches Quantum Bier wurde der Marie auf Wunsch finanziell abgegolten, was auch nötig war, denn „all' Monat sind meine Schuhsohlen durch gewesen. Die Reparatur hat zwei Mark achtzig gekostet."

Maries Schmids Speckwecken-Vorrat nimmt ab, das Produkt schmeckt hervorragend. Schmalz gehöre zum Teig, sagt die frühere Wirtin (1919 bis 1956 *Neue Welt* am Ulmer Wielandplatz) und bekräftigt: „Woisch?" Sowieso, denkt ihr Gast.

Nach der auf ein „Ja" zielenden Frage – das „Du" stellt sich automatisch ein – erzählt Marie vom fünf Jahre älteren Christian Schmid aus Steinheim, den sie schon im Volksschulalter gekannt hat. Seine Mutter habe jedoch „eine Reichere wie mich wollen", weshalb die um 1909 in Ulm geknüpfte engere Verbindung mit dem Jungmetzger zwei Jahre später zerbrach. Marie Unseld kündigte bei Wilhelm Nieß, sagte der Deutsch- hausgasse adieu und ging nach Zürich als „Haushalts- mädle für alles".

War dieser Schritt ungewöhnlich? Eher nicht. Denn sechs der sieben Steinheimer Unselds haben damals im Ausland gearbeitet. Drei bei den Eidgenossen, zwei Brü- der gar in Australien (unter anderem als Kohlentrimmer).

„Einer", sagt Marie Schmid, „war Küfer und hot en Kairo gschafft. A Fass braucht ma do au."

Zurück zur Schwester in Zürich. Trotz ihrer sicheren Existenz zieht sie bald wieder an die Donau, nein: Marie wird gezogen. Im Herbst 1911 meldet sich Christian erneut, und seine Partnerin fährt nach Ulm zurück. Erst ist sie für den jüdischen Kaufmann Martin Laupheimer tätig, dann beim Metzger Wilhelm Stollmaier im Hafen-bad. Schließlich wird Marie Unseld schwanger. Was das heißt, dokumentiert sie mit einem Halbsatz: „Drei Monat' lang hab' ich mich nicht getraut, dem Christian …"

Ende Juni 1914 kommt ihr Töchterchen Anna zur Welt. Benannt nach Maries Mutter, die sie in Steinheim („Schtoina") aufzieht. Anna Unseld ist damals Woche für Woche zum Ulmer Markt gewandert und hat dort „Eier, Butter, Käs" angeboten. Ihr Mann aber wartete, bis sie heimkam. Vorher konnte er weder Bier noch sonst etwas kaufen. Weshalb? Weil dem Kleinbauern kein bares Geld zur Verfügung stand.

Zwei Monate nach Annas Geburt rückt Christian Schmid ein. Das Frontfoto zeigt ihn, den Karabiner im Anschlag, unter einem mit „Küchen-Personal der 2. Ersatz-Batterie F. A. 10, Krieg 1914/15" beschriebenen Schild. Marie kurz: „Als er in Straßburg war, ist's dann noch einmal aus gewesen." Die Schwiegermutter in spe habe wieder dazwischengefunkt.

Zu jener Zeit arbeitete Marie Unseld für den Neu-Ulmer Viehhändler Leopold Bauland, wurde 1917 mit Christian kriegsgetraut und ließ diesen Ritus später „richtig" vollziehen. Nun, da der Münsterpfarrer Jakob Rieber seinen Segen zum Bund gegeben hatte, war 1919 alles im Lot. Folglich durfte auch nicht mehr feh-len, was ein gestandener Metzger samt tatkräftigem Weib führen kann – die eigene Gaststätte.

Der Plan musste gelingen, vierhändig ohnehin. Denn Marie Schmid hatte schon als Kind mit offenen Augen davon geträumt. „Wenn die Wirtin im Steinheimer *Ochsen* den Geldbeutel unterm Schurz hervorgeholt und abends Münzen gezählt hat", sagt sie, „dann war mir's klar: so was würd' ich gern selber machen."

Christian Schmid kauft deshalb das Haus und den Gasthof *Neue Welt* am Wielandplatz für einhunderttausend Mark. Er macht Most, zapft Nersinger Bier oder schenkt Württemberger Wein aus, sie kocht und brutzelt. 1919 bietet man den Schwäbischen Rostbraten für neunzig Pfennig an, Michael Honold im *Pflugmerzler* verlangt eine Mark fünfzig. Als die Schmids ohne Erlaubnis mehr berechnen („a Zehnerle"), wird es ernst. Der Polizist August Winter tritt auf und straft das Paar.

„Koi Kruschtlada, sondern a Wuuschtlada" – mit diesen Worten meldet Marie Schmid den Start der eigenen Metzgerei anno 1924. Wieder legt sie ein Bild vor und gerät wegen ihrer strammen Würste fast in Begeisterung. Doch sofort, als wolle sie Neugier abwehren, grummelt die alte Wirtin: „Erlebt hau i nix. Mir hend emmer gschafft."

Trotzdem kommt manches ans Licht. Da hockt elendes Volk während der Inflation im Treppenhaus und löffelt Marie Schmids Suppe: *Neue Welt* gratis, wenn man arbeitslos ist. Da brummt das erste Auto des Ehepaars, ein Brennabor, durch die Oststadt. Da werten auch in Ulm viele Leute den Krieg gegen Russland als harmlos („bestimmt schnell vorbei"). Da werden vegetarische Angebote zunehmend wichtig: „Zentnerweis' haben wir Bratkartoffeln mit Apfelmus produziert …"

Als der NS-Staat zerschlagen ist, sind die braunen Brüller verstummt. Marie und Christian Schmid stehen vor dem Desaster. Zwar leben sie noch, doch ihre am 1. März 1945 ausgebrannte *Neue Welt* wirkt wie tot.

Erst 1948 können wieder Gäste bedient werden, der Metzgerladen wurde schon früher eröffnet. Aber Christian geht es schlecht. Seit längerer Zeit ist er krank und stirbt schließlich 1955, erst neunundsechzig Jahre alt. Seine Witwe verpachtet den Gasthof.

Ein harter Schlag trifft Marie 1968. Ihre seit einer Gehirnhautentzündung behinderte Tochter Anna lebt nicht mehr. Die Mutter, nun ohne die letzte Freundin, war kurz zuvor vom Safranberg zur Platzgasse gezogen. Seither wohnt sie im Zentrum der Stadt.

„I muaß an Betrieb ond a Arbeit hau", sagt Marie Schmid. „Bloß so ben i a Kerle." Dann steht sie vom Tisch auf, geht nach nebenan und kommt mit einem Stapel zurück. Alles für den evangelischen Gustav-Adolf-Bazar hergestellt: Achtundsiebzig Trägerschürzen, dreißig Halbschürzen und ebenso viele Paar Socken. „Richtig verletzt" war sie, als man ihr Werk bei einer Vorschau nicht einmal angeguckt hat. Aber nachdem in der Bibel gelesen wurde, „hot me dees en da Senkel gschtellt". Denn dort heißt es bei Lukas: „… bittet für die, so euch beleidigen."

Dass alte Leute manchmal komisch werden werden, gibt Marie Schmid schmunzelnd zu. Ja, sogar ehrenkäsig! Nahtlos berichtet sie deshalb vom Münsterpfarrer, der ihren Neunzigsten vergessen und erst drei Wochen hinterher gratuliert hatte: „Aber dem hab' ich die Meinung gesagt. Und da hat er sich auch entschuldigt."

Nach Steinheim möchte die alte Wirtin noch einmal fahren, denn „am Buchberg hau i no an Wald". Nur sitzen will sie dort und schauen, wie der Wind das Korn wellt. Mehr nicht? Sie zögert, blickt rundum auf ihr Mobiliar samt den Fotos von Christian und Anna, überlegt. Dann wird mit fester Stimme geantwortet:

„Schnell Abschied nehmen, wenn man mich ruft. Am liebsten hier. In der Platzgasse."

„Was kann i denn scho perfekt?"
Ernst Ruckh

Mit einem Thema eilt es ihm, weshalb er es sofort anspricht: „Wolla mer's net anonym macha?" Ja, schon – aber dann weiß doch hinterher kein Mensch … Egal, das wäre ihm lieb. Könnte doch leicht einer sagen: Der redet aber wichtig von sich selber. Und so etwas ist entbehrlich, denn er hat anderes zu tun. „Wenn einer in meim Alter isch", verrät Ernst Ruckh augenzwinkernd, „hat er sei Halbzeit hinter sich. Da pressiert's." Übersetzt heißt das soviel wie: Stör' me net beim Schaffa.

Dann jedoch gibt er den Widerstand auf, geht nach nebenan und sucht das Ulmer Tagblatt Nummer 141 heraus. Es trägt sein Geburtsdatum – 19. Juni 1889. Wir lesen: „Der König und die Königin werden am 2. Juli nach Friedrichshafen übersiedeln und daselbst in gewohnter Weise bis gegen Ende September verweilen." „Buchene Bügelkohlen, das Pfund zu vier Pfennig, sind auf dem Münsterplatz zu haben." „Damen, welche ihre Niederkunft in Zurückgezogenheit abwarten wollen, finden liebevolle und billige Aufnahme unter strengster Verschwiegenheit bei …"

So oder so: Frau Karoline Ruckh war eben ganz gewöhnlich niedergekommen. Mit einem gesunden Buben. Im Haus des Küfers Hiller, Litera A 390 [39], heute Fischergasse 32.

39 Nach einem Beschluss der Bürgerlichen Collegien (Gemeinderat) vom 9. November 1893 wurde im Ulmer Altstadtbereich die so genannte Litera-Quartierbezeichnung A/B/C/D durch Straßen- und Gassennamen ersetzt.

„I ben a Saumarktler", sagt ihr Sohn. Wer nun denkt, ein solcher sei widerborstig, der möge dem gelernten Instrumentenmacher lauschen, wenn er am Harmonium sitzt. Das tut er Tag für Tag, holt zuvor den Kalender und spielt in Erinnerung an manchen Lebenden oder Toten das jeweils spezielle Stück. Eben eines, mit dem er zum Freund oder Verwandten kleine Brücken aus Melodie und Takt bauen kann. Und wenn das so formuliert wird, darf es nicht anders verstanden werden.

Ernst Ruckh ist ein Mensch, nach dem man – wie bei manchen Bahnhofsabschieden – schon ein bisschen Heimweh hat, obwohl er noch an der Rampe steht. Wenn er schmunzelnd im Sessel sitzt und erzählt, wenn seine Schwägerin Mathilde Honold ab und zu mit dem Kopf nickt und „genau so war's" sagt, dann werden Qualitäten aufgedeckt, von denen man oft meint, sie seien ersatzlos gestrichen: Gelassenheit, stiller Humor und ein feines Mitfühlen am Zickzack der Zeit.

Ja, er ist ein Neunundachtziger. Von denen gibt es nicht mehr viele in Ulm. Aber mit drei Spezis trifft er sich noch, immer mal wieder, obwohl die wackelig auf den schwäbischen Füßen sind. Da hocken dann vier Freunde zusammen, fragen gelegentlich „woisch no, wa sagsch jetz?" und nennen einander Blätze, Dille, Lorch und Baltes. Denn Balthasar hieß Ernst Ruckhs Vater. Mit Frau und Kindern aus Esslingen kommend, hatte er 1886 eine Wohnung im Fischerviertel und Arbeit bei Hinkels Harmoniumfabrik an der Promenade gefunden. Um 1900 machte er sich als Instrumentenbauer selbständig, wechselte zum Judenhof und …

„No langsam mit de Gäul'!" Also gut, die Fischergasse.

Ob man es glaubt oder nicht – damals war sie fast noch ein Dorfweg. Kuhställe, Misthaufen und gackernde Hühner gehörten dazu. Pferdegespanne polterten mit Donaukies oder Sand übers Pflaster. Die Blau trieb sieben Mühlen, und fast an jedem Eck war eine Wirtschaft zu finden. Als Ernst noch auf Stelzen lief, gab es in Ulm gut zweihundertfünfzig Gasthäuser, darunter solche wie *Maikäfer, Ofengabel, Wurstwinkel* und sogar einen *Citronenbaum* in der Ensingerstraße. Immerhin waren ja die ewig brennenden Exerzierdürste von sechstausend Soldaten zu löschen, und sicher haben auch Remstäler Viertele oder Ulmer Bier den Leuten nicht schlechter als jetzt geschmeckt.

Was sah Ernst Ruckh, wenn er aus dem familiären Dachfenster in Richtung Schwörhaus lugte?

Zunächst mag er die Ohren gespitzt haben. Denn vis-a-vis, über der Viktualienhandlung Schaudt, fiedelte sich ein Altstadtsohn oktavenweise empor: als Dr. Georg Herz, Violinvirtuos und Münstermusiker, war er ein Begriff. Aber auch das Holzrad der Isakenmühle und Kutscher Leonhard Nagels Remise (Fischergasse 15) dürften sehr alten Ulmern noch vertraut sein. Dort warteten geölte Zweispänner auf Kundschaft und mit ihnen der bei so mancher Damen- oder Herrenpartie beliebte „Ringlesrum", in dem eine Bank zur rollenden Tour lud.

Zwischen Blauinsel und Fischergasse schließlich betrieb die „Kuhmaiere" ihre Landwirtschaft, und das erhalten gebliebene „Städele" mit seiner Tenne stellte für junge Saumarktler, Fischergässler und Inselbuben exakt jene Medizin dar, deren heilsame Wirkung den heute nicht selten fernsehsüchtigen Kindern empfohlen wird: ein Abenteuerspielplatz.

Barfuß, mit der „Hos'-an-eim-Stück" oder im Lederschurz, zogen sie durch ihr Viertel. Sommers merbelten und topften sie (spielten mit Murmeln oder Kreiseln), im Winter rutschte man den Saubuckel hinab und wurde durch Bauer Georg Walters Miste gebremst. Ernst Ruckh nennt sie hintereinander, als seien sie eben ums nächste Eck geflitzt:

Georg Bosch aus dem Vaterunsergässchen, Wagner Hirths Karl von der Insel, Schreiner Hagenmeyers Ernst nebendran … Keiner ist mehr am Leben. Auch die schwarzen Schleifergesellen der Lochmühle, auch Gerber Friedrich Peschke am benachbarten Saubrückle und ein Schmied namens Salomon Müller auf dem Weinhof – alle sind tot. Nur der Münsterbau trägt wie einst sein Gerüst, aber aus Stahl. An das hölzerne von 1891, als die Spitze des Hauptturms fertig war, glaubt sich Ernst Ruckh zu erinnern.

1899 zog die Familie zum Judenhof. Damals drückte unser Chronist schon seit vier Jahren eine Bank in der Knaben-Mittelschule, erlebte den Bau des Justizpalasts und sah manche Prominenz. Etwa jenen „Spittelschorsch", der als Knecht im Alten Spital werkelte, oder gar einen bekannten Senior mit breitkrempigem Hut. „Do guck … dr Max Eyth", hieß es dann voller Respekt. Abend für Abend trafen sich am Judenhof die Laternenanzünder, um durch die Stadt zu stiefeln. Zweimal jährlich sorgte rund um den Neptunsbrunnen ein kleiner Jahrmarkt für Spaß, dessen Herzstück die Dockenkomödie war: Meister Zahns Marionettenspiel.

„Schreibet Se was vom Sport", sagt Ernst Ruckh, während wir das nächste Jahrhundert anpeilen. Neun war er, als Bruder Hermann bei der ersten württembergischen Jugendriege ins Trikot schlüpfte und Ernst hinter ihm zur Halle des Turnerbunds lief. Für die nötige Abhärtung hatte unterdes Schullehrer Georg Henßler gesorgt, ein Mensch mit lockerer Hand, der vierzig Buben in Schach hielt: „Mir hend was glernt." Auf welche Art nun dieser Herr vom Katheder aus Lehre und Leid vermischt hat, steht in keinem Klassenbuch geschrieben, und auch ein ähnlich rätselhaftes Objekt fehlt bislang im Ulmer Wörterheft – der „Zwetschgafreitig".

Steinobst? Moment mal. An einem Frei-Tag vor Ruckhs Konfirmation? Beim Gaissmaier in der Kramgasse hatten die Konfirmanden wie eh und je Dörrzwetschgen und Bonbons gekauft, die sie hinter der Valentinskapelle unters Kindervolk warfen. Darauf brach ein solcher Krawall los, dass Kirche wie Stadt den Brauch verboten. Nur die „Zwetschgadörre" lebte weiter. Sie hatte mit anderen Vergnügungen zu tun: Es war jene schweißtreibende Galerie im alten Theater, von welcher aus Ernst Ruckh etliche Jahre später („für zwoi Zehnerla") den Mannheimer Hofschauspieler Ludwig als Hamlet sah oder Hermann Sudermanns „Ehre" und Henrik Ibsens „Nora" beklatschte.

1903 stellte der Vater seinen Filius ein, um ihm die Geheimnisse des Instrumentenbaus zu vermitteln. Balthasars sorgsamer Linie folgte bald ein gröberer Lehrmeister – das 12. Bayerische Infanterieregiment in Neu-Ulm. Dort herrschte jedoch kein preußischer Schliff, die tägliche Kost war mit Weißbrot gepolstert und eine Fülle katholischer Feiertage milderte den Kommiss. Dann aber wurde zum vaterländischen Krieg geblasen, und kein begeisterter Ruckh folgte dem Ruf, kein Held schrieb stolz an die Heimat. Im Gegenteil.

„Anfangs hab' ich gedacht: Wenn es die ersten Toten gibt, hören die da oben schon auf." Gutgläubig oder naiv? Es klingt gar nicht so, wenn er memoriert: „Pfarrer haben doch hüben wie drüben Waffen gesegnet. Seit damals ist mein Christentum angeschlagen."

Die Jahre und Jahrzehnte hinterher will Ernst Ruckh, bitteschön, nicht mehr schildern. Sie waren zu hart. Ja, 1918 wurde er noch zur Kriegstrauung beurlaubt.

Ihm, dem Familienleben über alles geht, starb nach elf Jahren Ehe die Frau weg, und seine Schwägerin Mathilde zog fünf kleine Kinder auf. Dass Ruckh ein halbes Leben lang der Poesie gehuldigt hat, dass der Vielbegabte („was kann i denn scho perfekt?") nicht nur Harmoniumzungen feilte, sondern auch Ulms Vergangenheit in zahllosen Bildern zeichnend festhielt – „des lassa mr alles weg", schlägt er vor. Bleibt also die Musik. Sie hat Freude und Freunde geschenkt, immer wieder.

Wie geht es ihm jetzt? „Wenn i net lacha tät', müsst i oft heula", sagt Ernst Ruckh und steht auf. So vieles ist noch zu tun! Drum drückt man beide Daumen, dass er bis zum Hunderter werkeln darf und „ … i amol recht gsund sterb'."

Dieser Wunsch wurde nicht erfüllt.

„Sie dürfen mich Fräulein nennen"
Pauline Kimmel

Wenn zum Trara marschiert wird und die Stadt bebt,
bleibt ein Mädchen nicht mehr am Fenster. Fort hüpft das
Kind, zwei Treppen hinunter, ein paar Gassen entlang
und mit flatterndem Schurz in Richtung Rathaus. „Jesses",
sagt dann der Tapezier- und Sattlermeister Paul Kimmel,
„unser Päule isch weg." Paulinchen aber steht schon
am Ulmer Hauptwachplatz, läuft zum Lautenberg und
wird beim Gasthaus *Goldene Gans* wieder eingefangen.
Während es im Kopf der Fünfjährigen noch immer
trommelt:
      Musik, Musik!
      Kaum anders heute. Do–re–mi–fa–sol–la–si–do?
Pauline Kimmel sitzt aufrecht am Tisch, lächelt sich vom
Kaiserreich bis zur Gegenwart, lässt Frau Musica hoch-
leben und streift ihr Radiogerät mit einem strengen Blick.
„Nein", sagt sie, „es ist nicht mehr wie früher. Jetzt
sind andere Töne dabei. Ich höre jeden …" Und alsbald
schaut die Schneiderin in Richtung Gestern.
      Karpfengasse 1, zweiter Stock. Zu dieser Anschrift
liefert das Adressbuch der Königlich Württembergischen
Kreis-, Haupt- und Oberamtsstadt Ulm 1894 eine Ergän-
zung, die für das im Vorjahr geborene Kind Pauline ihren
Stellenwert haben sollte: „Kimmel Paul, Sattlermeister"
heißt es da. Vaters Name also steht fest, doch auch eine
handgeschriebene Rechnung des Leichenbesorgers
Julius Hirning über 47,70 Mark blieb erhalten. Zu zahlen

für „Marie Kimmel" (Paulines große Schwester), „welche den 11. April 1895 mittags 12 Uhr starb und den 14. April mittags 3 Uhr beerdigt wurde. Alter: 12 Jahr, 11 Monat, 26 Tag." Wobei das übliche Armenopfer zwanzig sowie ein goldenes Leihkrönchen dreißig Pfennig kosteten und Stadtpfarrer Ernsts Gebet gratis war.

Vier Jahre später taucht Christian Ernst nochmals auf. Im Zusammenhang mit Paulines sechstem Geburtstag, den sie als Trauma erlebt hat: „Morgens hat er mir a Fünfazwanzigerle gschenkt, am Abend war der Vater tot." Sattler Kimmel, durch eine Gehirnblutung aus dem Leben gerissen, ließ am 20. Januar 1899 nicht nur die Ehefrau Apollonia und das Duo Elise/Pauline hinter sich, sondern auch ein zu Ende gehendes Zeitalter.

Jenes nach außen hin so beschaulich seine Jubiläen feiernde Württemberg schien das zwanzigste Jahrhundert als Fortsetzung einer goldenen Monarchie zu erwarten – übergangslos. Läuteten nicht die Kirchenglocken, wenn König Wilhelm mit Königin Charlotte von Stuttgart her per Eisenbahn anrollte? Sorgten in Ulm nicht Infanteristen und Feldartillerie, oder im bayerischen Neu-Ulm fesche „Zwölfer" des Regiments Prinz Arnulf, für Sicherheit?

Nein, an der Donau wie anderswo konnte man vieles erwarten, nur dies nicht: Veränderung. Kein Wunder, dass Pauline Kimmel („Sie dürfen mich Fräulein nennen") in einer jetzt völlig konträren Welt acht Jahrzehnte schrumpfen lässt und vom Zimmer an der Adlerbastei zum Münster schaut. „Es war schön", sagt sie.

Das stehle ihr immer wieder den Schlaf, fügt die alte Dame hinzu und bittet nun fast um Entschuldigung. Aber der junge Mann wisse wohl kaum, wie alles zur Gegenwart drängt wenn sie von einst berichtet. Er kenne auch nicht die damals so überschaubare Stadt, ihre Menschen, das Viertel zwischen Judenhof, Hafengasse,

Frauen- und Lange Straße, Karpfen- und Kramgasse. Ach ja, Vergangenheit …

Hand in Hand mit Paul Kimmel zum „Kundentrinken" im *Schwarzen Bock* (Basteistraße 32), *zur Goldenen Sonne* (Herdbruckergasse 26) oder in die *Stadt Straßburg* bei der heutigen Georgskirche – das galt Sonntag für Sonntag als Amüsement. Vor allem dann, wenn Kimmels Päule ein kleines Glas Bier bekam, „worauf ich sehr stolz gewesen bin". Schließlich das Hopsen von Stein zu Stein hinter der Münsterbauhütte: „Da hat's blaue Mäler gegeben, oh je."

Schmerzhafter war die Prellung der Seele, weil Vaters jähes Ende an ihrem Geburtstag schwer wog: „Ich hab' ewig lang Heimweh gehabt." Vom Elternhaus bis zur nahen Mädchen-Volksschule wurde das manchmal auch Paul genannte Paulinchen nach dem Verlust begleitet. „Man hat mich", sagt Fräulein Kimmel, „zum Unterricht schieben müssen. Sonst wär' aus mir nichts geworden."

Dunkelheit anno 1899. Sie wird vom Petroleum daheim oder den öffentlichen Gaslaternen erhellt, in deren fahlem Licht wir von der Karpfengasse 1 aus einen Gang durchs Quartier wagen wollen. Vorbei am Nachbargebäude des Bäckers Fritz Gauß und hinüber zu zwei Schuh- oder Kurzwarenläden der Ulmer Juden Salomon Dreyfus sowie Jakob und Ludwig Neuburger.

Dort kutschiert Leutnant X mit hübscher Begleitung die Schuhhausgasse entlang, sein Pferd scheut und rast ins nächste Haus an der Frauenstraße hinein. Gaul kaputt, Frau verletzt: „Wenn nun eine Straßenbahn gekommen wär'? Schrecklich!" Sie nahte, doch die 1897 erstmals durch Ulm/Neu-Ulm rumpelnde „Fonkaschees" [40] fuhr langsam und hielt per Handsignal [41] an.

---

40 Funkenchaise. 41 Davon erzählt auch der Tierarzt Max Molfenter (Seite 19).

Bleiben wir auf dem Trottoir, statt einen Fahrschein zu lösen. Denn spazierend lässt sich die Stadt besser erkunden – ihre Population ohnehin. Wer war, zum Beispiel, Herr Christoph Alexander? Dieser Drechsler[42] und Tanzlehrer hat so mancher Ulmerin hölzerne Löffel verkauft, aber auch Walzer oder Tango beigebracht: Im hinteren Saal der Gaststätte *Drei Linden*, Frauenstraße 12.

„Päule, willsch no amol?", fragte der klein gewachsene Mann kurz vor dem Weltkrieg. Seine Schülerin tat ihm den Gefallen, weil es an Fräuleins fehlte. Ein Assistent namens Horchert spielte Klavier zu jeder Drehung.

Aber horch … Erst läutet noch das so genannte Armsünderglöckchen, als am 6. Dezember 1900 der Söflinger „Lustmörder"[43] Andrä im Hof des Justizgebäudes enthauptet wird. Wozu man extra ein Fallbeil aus Stuttgart herbeischafft. Knechte führen ihre Rösser beim Gänstor in die Donau und schrubben Felle, Bauern karren Tag für Tag frische Milch nach Ulm: „Zu uns kam der Johann Adrion aus Schwaighofen."

Wurde vom Münsterturm aus ein Brand entdeckt, dann schrillen bei Georg Honold oder dessen Nachbar Marx Wittlinger (Gidesbauer) in der Baurengasse die neu installierten elektrischen Feuermelder. Pferde schnauben und Fuhrwerke holpern vorwärts. Auch Johannes Mayer, Ökonom, hastet zum Spritzenhaus.

Alarm! Alarm!

Pauline Kimmel war dabei. Sie rodelte Festungswälle hinunter, lief von 1907 an zur „Evangelischen Nähschule für konfirmierte Mädchen" und saß dann in Anna Mündlers Arbeitsraum, Kohlgasse 25. Um fünfzig Pfennig Tageslohn

42 Werkstatt: Schlegelgasse 2, hinter dem damaligen Gasthof *Zum Kronprinz* (heute zwischen Schuhhausgasse und Neuer Straße). 43 Ernst Andrä hatte ein Kind umgebracht und war durch das Ulmer Schwurgericht zum Tod verurteilt worden.

zu kassieren, hatte sich Kimmels Tochter jeweils elf Stunden lang mit Crêpe de Chine oder Batist zu beschäftigen. Wäre sie nach solcher Pflicht abends zum Hirschstraßenbäcker Roschmann gegangen, hätte das Päule als Gegenwert ein knappes Pfund Nudeln erhalten.

Rund zweihundert „Näherinnen" waren in Ulm zwischen der Jahrhundertwende und dem Ersten Weltkrieg gemeldet. Pauline zog daraus die Konsequenz und arbeitete bald nur noch für eine spezielle Klientel. Sie hatte ausgelernt, wurde durch das krumme Sitzen krank und musste ihr Ideal vergessen – Schneiderin mit Meisterbrief: „Ich hab' doch so gern Puppen angezogen."

Mittlerweile waren König Wilhelm und dessen Frau zur Zentenarfeier[44] in Ulm gewesen, Pauline Kimmels Schwester Elise wiederum sah erwartungsvoll zu ihrem Verlobten Wilhelm Fink junior hinüber (Bäckerei neben dem Gasthaus *Schwarzer Adler,* Frauenstraße 18). Das Deutsche Reich aber sonnte sich, je länger desto stolzer, im Glanz einer offenbar niemals endenden Prosperität.

„Auch ich war verliebt …" Paulines Herz klopfte. Sie empfing ein Billet doux[45] nach dem anderen, promenierte am Arm ihres Galans über die Stadtmauer, träumte von morgen und war nicht selten beim Eislauf am Charlottenplatz (heute Humboldtgymnasium) zu finden. Wo das Militär ins Blech blies, der Zivilist Pirouetten drehte und charmante Honneurs abgewickelt wurden.

Schluss damit. Bald tönten „Jeder Stoß ein Franzos'" und „Gott strafe England", dann folgte Wehmut. „Der Krieg hat uns all diese Männer weggenommen", sagt Pauline Kimmel kurz.

Dennoch waren es gute Jahre? Sie nickt. Man kam ja

44 Anlass: Hundert Jahre Zugehörigkeit der früheren Freien Reichsstadt zur Landesmonarchie. 45 Liebesbriefchen. Mit dem Beginn des Ersten Weltkriegs waren im Kaiserreich französische (und englische) Ausdrücke offiziell verpönt.

davon, wich dem Schicksal nicht aus: im Bäckerhaus Fink, zu dessen Kunden vor 1933 ein junger Kapellmeister namens Herbert von Karajan zählte, 1945 während der Evakuierung und nach Schwester Elises Ende im Altenheim Dreifaltigkeitshof. Immer sei ihr Leben geordnet gewesen, stellt Pauline Kimmel fest, „auch jetzt ist alles an seinem Platz. Man muss wissen, wo es hingeht."

Was vielleicht eher gelingt, wenn die Rückschau nicht nebulös wirkt. Trotz einer leichten Traurigkeit dann und wann. Wie bei ihr.

Adams, Myrah u. a.: Kunst und Kultur in Ulm 1933 – 1945. Ulm 1993.

Baumhauer, Hermann und Feist, Joachim: Das Ulmer Münster. Stuttgart/Aalen 1977.

Beck, Gertrud u. a.: Mahlzeit miteinander – Speis und Trank, einst und jetzt, rund um eine Donaustadt. Ulm 1987.

Beöczy, Siegfried von: Ulmer Augenzeugen – ‚Ich war dabei'. Ereignisse und Begebenheiten in Ulm seit 1900. Weißenhorn 1970.

Bergmann, Ingo: Und erinnere dich immer an mich – Gedenkbuch für die Ulmer Opfer des Holocaust. Ulm 2009.

Biedermann, Rudolf Max: Ulmer Biedermeier im Spiegel seiner Presse. Ulm 1955.

Endriß, Gerhard: Stadtgeographie von Ulm an der Donau. Ulm 1931.

Fischer, Josef Ludwig: Ulm. Leipzig 1912.

Häcker, Otto: Ulm – Die Donau- und Münsterstadt im Lichte der Vergangenheit. Stuttgart 1940.

Hepach, Wolf Dieter und Adler, Wolfgang: Flugpioniere in Ulm 1811 – 1911. Ulm 2010.

Höhn, Karl (Hg.): Ulmer Bilder-Chronik, Bände 1 bis 4. Ulm 1929 – 1937.

Königlich Statistisches Landesamt (Hg.): Beschreibung des Oberamts Ulm, Band 2. Stuttgart 1897.

Koepf, Hans: Ulmer Profanbauten. Ulm 1982.

Landesarchivdirektion und Stadt Ulm (Hg.): Ulm – Der Stadtkreis, Amtliche Kreisbeschreibung. Ulm 1977.

Lechner, Silvester: Das KZ Oberer Kuhberg und die NS-Zeit in der Region Ulm/Neu-Ulm. Tübingen 1988.

Ders.: Ulm im Nationalsozialismus. Stadtführer auf den Spuren des Regimes – der Verfolgten – des Widerstands. Ulm 1997.

Linck, Otto: Alt-Ulm. Tübingen 1924.

Linse, Ulrich: Ulmer Arbeiterleben. Ulm/Münster 2006.

Müller, Franz: Die Geschichte des Wirtsgewerbes in Ulm a. D. Ulm 1930.

Neubronner, Eberhard: Ulm in Trümmern – Bilder einer vergessenen Zeit. Pfaffenhofen 1991.

Ders.: 79 Ulm – Kurioses kreuz und quer. Langenau-Ulm 1987.

Mayer, Eberhard: Die evangelische Kirche in Ulm 1918 – 1945. Ulm 1998.

Petershagen, Henning: Schwörpflicht und Volksvergnügen. Ulm/Stuttgart 1999.

Ders.: Ulms lebendige Wasser – Brunnengeschichte(n) aus sieben Jahrhunderten. Ulm 2003.

Ders.: Zünftige Lustbarkeiten. Ulm 1994.

Petershagen, Henning und Sarrazin, Jenny: Schopper, Schiffer, Donaufischer. Ulm 1997.

Pflüger, Hellmut: Plätze der Ulmer Altstadt. Ulm 1994.

Ders.: Ulm – Das alte Stadtbild, Bände 1 und 2. Weißenhorn 1963 – 1964.

Reinhardt, Brigitte und Roller, Stefan: Das alte Ulm. Ostfildern/Ulm 2005.

Sander, Hildegard (Bearb.): Ulmer Bilder-Chronik, Bände 5a/b und 6. Ulm 1984 – 1988.

Schefold, Max: Ulm – Das Bild der Stadt in alten Ansichten. Weißenhorn 1967.

Schultes, David August: Chronik von Ulm. Ulm 1915.

Schulz, Ilse: Verwehte Spuren – Frauen in der Stadtgeschichte. Ulm 2005.

Specker, Hans Eugen (Hg.): Ulm im Zweiten Weltkrieg. Ulm/Stuttgart 1995.

Ders.: Ulm – Stadtgeschichte. Ulm 1977.

Stadtarchiv Ulm (Hg.): StadtMenschen. 1150 Jahre Ulm – Die Stadt und ihre Menschen. Ulm 2004.

Dass. (Hg.): Zeugnisse zur Geschichte der Juden in Ulm. Ulm 1991.

Stadtverwaltung Ulm (Hg.): Deutschlands Städtebau – Ulm a. D. Berlin 1926.

Ulm (und teilweise Neu-Ulm): Adressbücher 1836, 1880, 1894, 1898, 1902, 1919, 1929 und 1937.

Wiegandt, Herbert: Ulm – Geschichte einer Stadt. Weißenhorn 1977.

Bildnachweis: Alle Fotos vom Autor, mit Ausnahme der Abbildung auf dem Titel – Fotograf unbekannt – und der Rückseite des Buchs – vermutlich Conrad Stichaner – (Haus der Stadtgeschichte/Stadtarchiv Ulm) sowie der Karte (Stadt Ulm, Abteilung Vermessung).

Personen-, Orts- und Sachregister
Gaststätten = *kursiv*

Orte

Sachen

Der Autor

Eberhard Neubronner, geboren 1942 in Ulm, fuhr früh
zur See. Er ließ sich zum Fotografen und TV-Kamera-
mann ausbilden, um hinterher als Zeitungsredakteur
und Radioreporter zu arbeiten. Seit 1990 freier Schrift-
steller. Bücher u. a.: „Der Weg", „Das Schwarze Tal", „Die
Letzten löschen das Feuer". Zuletzt erschienen „Der
Herrgott weiß, was mit uns geschieht", „Steine im Brot"
und „Nägel am Schuh".

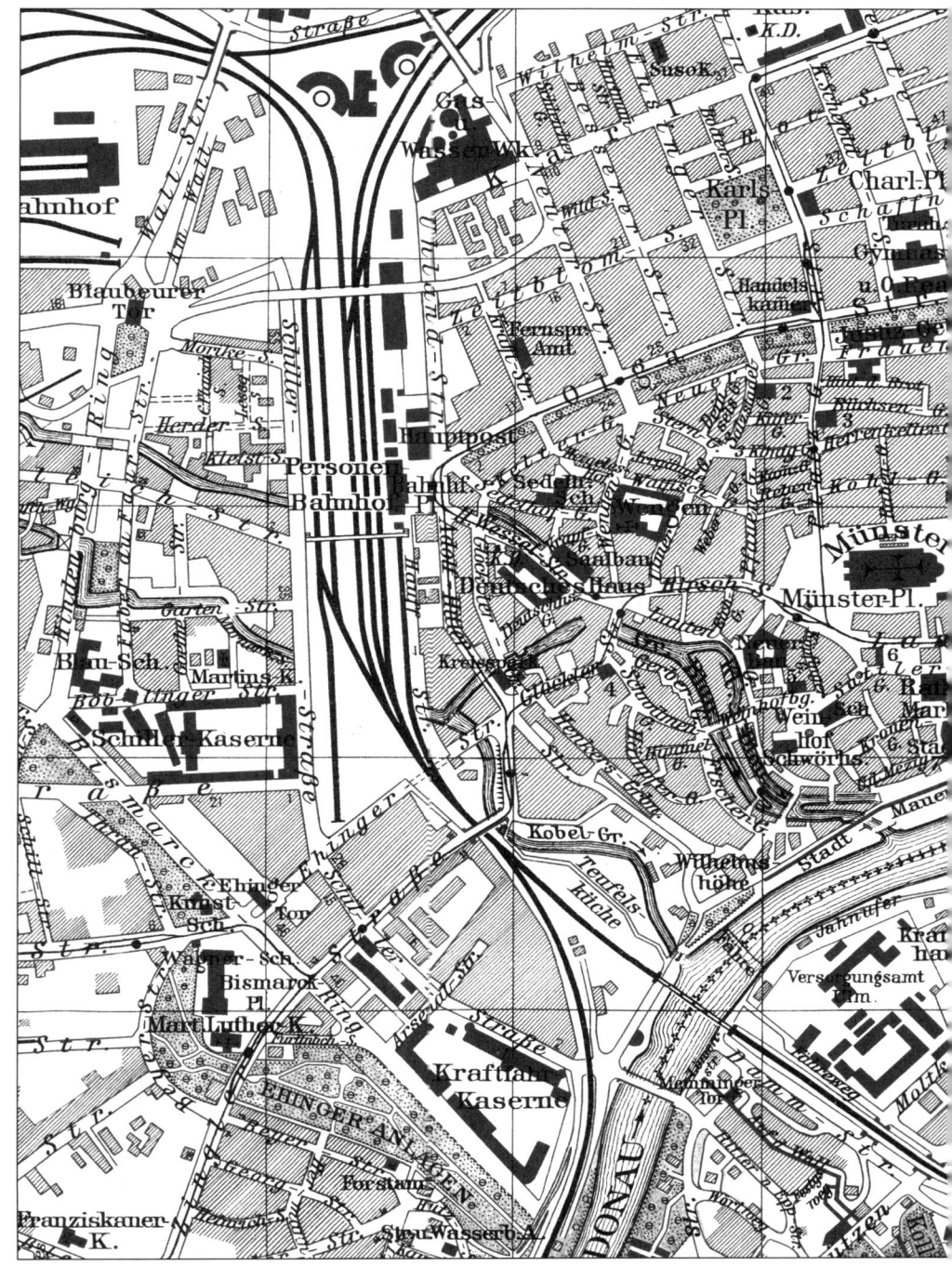

Ulm und Neu-Ulm 1935 (Stadt Ulm/Vermessungsamt).